慈心憐憫

在卑微與逼迫中發現上帝

盧雲
麥尼爾、莫里遜 合著
黃大業 譯

Compassion

A Reflection on the Christian Life

Henri J. M. Nouwen
Donald P. McNeill and
Douglas A. Morrison

基道出版社

▼

靈修著作精選 • 盧雲系列

慈心憐憫

在卑微與逼迫中發現上帝

Compassion

A Reflection on the Christian Life

作者
盧雲 Henri J. M. Nouwen、
麥尼爾 Donald P. McNeill 、莫里遜 Douglas A. Morrison

譯者
黃大業

責任編輯
余雪

裝幀設計
奇文雲海 · 設計顧問

■

出版 / 發行
基道出版社
香港沙田火炭坳背灣街 26 號富騰工業中心 10 樓 1011 室
LOGOS PUBLISHERS
Unit 1011, 10/F, Fo Tan Ind. Centre, 26 Au Pui Wan St., Shatin, Hong Kong
電話：(852) 2687-0331 傳真：(852) 2687-0281
網址：https://www.logos.com.hk

承印
陽光 (彩美) 印刷有限公司

●

1/2017 初版
Cat. No. LP661
ISBN: 978-962-457-534-7

刷次	12	11	10	9	8	7	6	5	4	3
年份	2031	2030	2029	2028	2027	2026	2025	2024	2023	2022

「究竟你們在基督裏的生命有沒有使你們堅強起來？他的愛有沒有鼓勵了你們？你們和聖靈有沒有團契？你們彼此間有沒有親愛同情的心？如果有，我要求你們，要有共同的目標，同樣的愛心，相同的情感，和一致的想法，好讓我充滿喜樂。不要自私自利，不要貪圖虛名，要彼此謙讓，看別人比自己高明。不要只顧自己，也要關心別人的利益。你們要以基督耶穌的心為心」（腓二 1～5；《現代中文譯本修訂版》）：

他本有上帝的形像，
不以自己與上帝同等為強奪的；
反倒虛己，
取了奴僕的形像，
成為人的樣式；
既有人的樣子，就自己卑微，
存心順服，以至於死，
且死在十字架上。
所以，上帝將他升為至高，
又賜給他那超乎萬名之上的名，

叫一切在天上的、地上的，和地底下的，
因耶穌的名無不屈膝，
無不口稱「耶穌基督為主」，
使榮耀歸與父上帝。

腓二 6～11

目錄

致意 ix
譯序 xi
修訂版緒言 xv
緒言 xvii
導論 xxi

第一部　滿有憐憫的上帝

1　上帝與我們同在 3
2　奴僕上帝 17
3　順服的上帝 33

第二部　滿有憐憫的生命

4　羣體 53
5　遷離 71
6　匯聚 89

第三部　憐憫之道

7　忍耐　107

8　禱告　125

9　行動　143

總結　163

註釋　167

致意

雖然本書原意是由三個朋友合著，但最後成了許多人的成果。各人的建議、回應、批評、貢獻，不但激勵了我們，也實在參與了本書的寫作。

在他們當中，有的認真審閱，有些甚至將本書內容用作教材，這些全都有助我們重寫部分初稿，謹此致謝，包括：Bob Antonelli、Judith Anne Beattie、Jane Bouvier、Steven Cribari、Agnes McNeill Donohue、James Duane、James Fee、George Fitzgerald、Stacy Hennessy、George Hunsinger、Ben Hunt、Ken and Penny Jameson、Mark Janus、Jay Kenney、Carol Knoll、Mary Meg McCarthy、Kay and Don McNeill、Melanie Morrison、Claude Pomerleau、John Roark、Jim and Mary Ann Roemer、Louis ter Steeg、Naomi Burton Stone、Reg and Ralph Weissert、Vivian Whitehead、Colin Williams、Gregory Youngchild。

我們也想向提供文書支援的 Piet van Leeuwen 及 Mark Fedor 致謝，還有於本書定稿階段提供編輯意見的 Robert Moore、Joseph Núñez、Richard Schaper、Mich Zeman。

感謝 Doubleday 出版社的 Robert Heller，他在過去五年對我們既忍耐又鼓勵，實在難能可貴。

最後尤其要向 John Mogabgab 致謝，他不但協調本書的寫作計劃，更對本書的內容與形式作出重要貢獻。

麥尼爾

莫里遜

盧雲

謹識

譯序

記得小時候中史科老師提及一些梟雄（以及一些開國君主）的特徵是「可以共患難，不可以共富貴」，自此即以為「共富貴」是人生頭號難事。

當然，這不是事實，與人共患難亦很難，起碼不比共富貴容易。

近日翻譯本書，論到書名，有這麼一段話：「憐憫的英文 compassion 源於兩個拉丁字：*pati* 及 *cum*，加起來意思是『共患難』。憐憫要求我們進到傷害之處、痛楚之地，與人分擔破碎、恐懼、困惑、苦痛。憐憫要求我們與悲慘的人同呼喊，與孤單的人同傷悲，與哀哭的人同哭。憐憫要求我們因著軟弱者而變得軟弱，因著容易受傷者而變得容易受傷，因著無力者而變得無力。憐憫就是徹底浸淫在人類境況中」(參本書頁xxii)。

我想起好多年前的事。那時信主不久，考入大學，唸一門不是首選的科目，一年下來，辛苦得很，亦失落得很，因為完全想不通我將要投身的專業(牙醫)與我的信仰有何關係。其時我所接觸到的「福音信仰」，幾乎沒有社會內涵。基督徒一生只有一個使命，就是傳福音；人生不過是一個傳福音的平台，「這世界非我家」，一切「屬世」事物終必灰飛煙滅，因此不應關心亦不必費心……在這樣的信仰背景下，我就是做了個好牙醫，也不過是掙錢奉獻支持天國事業而已。其他的想法？再沒有其他的想法了，就算有，也不會有人給你圓滿的答案。

大一暑假某天讀了《讀者文摘》一篇文章，描述香港的街童問題，看著看著，不明所以地淚流不止。我找不到流淚的理由，但心中有個想法：我要到街頭去嘗嘗露宿的滋味。那年夏令會中，我一有機會就跟營友分享這想法，但得到的都是怪異不安的目光，彷彿我是瘋人瘋語。一個相熟的弟兄對我說：你的想法太古怪了，應該是大家都不知道該怎樣回應你。

一年後，我離開了那堂會，踏進一個為時七年的「離教者」旅程。

二〇〇一年至今，我是一所逾千會友堂會的執事，幾年前擔任社關組組長。堂會近幾年每年都舉辦嘉年華與街坊同樂，義工接近二百，服侍坊眾好幾百人，大家出錢出力，樂也融融。我們開會檢討如何「深化」「社關文化」，期盼關懷鄰舍的行動不止於一年一度，而是成為一種習慣，一種生活，一種信仰。

討論之際，有組員突然問：其實我們思考如何推動會眾關懷疾苦，但自己對貧窮的體驗有多少？大家沉默下來。我也是。我看看與會者，將心中的想法緩緩道出：我們這裏每個人，住的都是舒適的環境，與我們提及的「劏房」差天共地……我們對貧窮可以有甚麼認知呢？我們説要關懷疾苦，但對疾苦的體驗那麼抽象，可以想出甚麼具體方案去推動會眾踐行呢？

人生幾十年，同一個問題，還是沒有踏實的答案。盧雲神父在世時，也不斷問「道成肉身」的信仰，如何落實在北美富裕優渥的基督徒團體中。他更身體力行，走到物質缺乏、充滿不義的南美國家事奉，離世前又有十年在服侍智障人士的院舍中生活。**他的答**

案是甚麼呢？就是憐憫，就是共患難——不為甚麼，只為上帝是滿有憐憫的上帝，人效法祂，就要效法祂的憐憫。至於如何落實，沒有定規，要自己去尋找，去踐行。同時，正如盧雲神父提醒我們，憐憫其實「另有所望」:「當陌生人得款待，當赤身的得庇蔭，當患病的被囚的有人探望，當壓制被推翻……透過這些從感恩而生的行動，我們可以瞥見新天新地」(參本書頁165)。

黃大業　謹識

修訂版緒言

本書最初在一九八二年出版，是三位身兼作家的神父——麥尼爾、莫里遜、盧雲——的合作成果。雖然一九八二年至今，世界經歷了天翻地覆的變化，但是在過去數十年間，本書仍舊不斷向新讀者說話。這是一種向盧雲的致敬，他雖然已經離世，但藉著著作（本書不過是盧雲豐厚著作的一小部分），依然活在我們心中，本書也體現了這事實。

為紀念盧雲，麥尼爾與莫里遜只就本書原稿作出最低程度的修訂——將本書談及上帝的方式，修訂得更具性屬意識（more gender-sensitive）。他們覺得這合乎盧雲本意，也合乎許多讀者的意願與期望。

有些反思與經文保留了「父親」用詞，這源於對親密的家庭關係的理解。就這種用法的意旨，神學家奧黛兒（Gail O'Day）說得好：

> 基督信仰傳統大量以父親用詞（father language）為上帝的普遍用詞（generic language），這是不正確的；同樣不正確的，是以概括用語（general terms）談及上帝，它消弭了聖經隱喻與用詞的活潑與深渺。約翰福音中的上帝是「父」，教會的職責不是僅僅假設「父」為「上帝」的同義詞，而是發掘約翰福音的「父親用詞」，可以怎樣幫助我們充分理解上帝及基督徒生命。[1]

我們（麥尼爾、莫里遜）感激 Doubleday 出版社的 Trace Murphy 及 JustFaith 的 Jack Jezreel 的協作，還有盧雲學會（Henri Nouwen Society）同寅的啟迪，亦感謝 Suzanna Kelly 及 Andrea Smith Shappell 的編輯工作。我們期望這修訂版可讓讀者以全新眼光，發現我們慈愛上帝的憐憫。我們樂於聆聽大家的評論和感想。

緒言

本書源於首都華盛頓一家小小的希臘餐館，我們三個人坐在空空的地庫餐廳一角，分享對學術生涯的不滿（聖母大學〔University of Notre Dame〕、天主教大學〔The Catholic University of America〕、耶魯大學〔Yale University〕），包括箇中的個人主義及靈性枯乾。我們一面談，一面在紙餐巾上做筆記，如往常一樣——但又和往常不同，這次我們的牢騷沒有流於空談，而是化成一個具體計劃：每逢禮拜四在首都聚會，一起研習禱告，歷時九個禮拜。身為教授教牧神學的教師，身處一個人人都在追求、擁有、行使強大政治權力的城市，我們面晤的最迫切議題，是怎樣在今日世界，活出滿有憐憫的生命。

本書就是那九個禮拜四聚會的成果。我們的聚會有時邀請友好加入討論，這些討論形成了有關「憐憫在今日社會有何含義」的最初構想，這些友好包括：天主教大學神學教授博哈神父（Walter Burkhardt）、宗教社會學者兼公誼會的成人學習中心（位於潘朵山〔Pendle Hill〕）教務長帕爾默（Parker Palmer）、喬治華盛頓大學（George Washington University）醫科生希思拿（Mike Heissler）、佛蒙特州參議員利希伉儷（Patrick and Marcelle Leahy）、明尼蘇達州參議員堪富利（Hubert Humphrey）、「關懷中心」（Center of Concern）及「網絡」（Network）的同工貝蒂修女（Betty Carroll）及卡露修女（Carol Coston）、《客旅》（*Sojourners*）雜誌編輯華理思（Jim Wallis）及米高遜（Wes Michaelson），還有「耶穌的小侍女」（Little Sisters of Jesus）——他們是首都華盛頓的默觀者，在這裏生活、工作、禱告。這些人與我們共度不少時光，為我們提供許多想法、建議、生命體驗，成為耕耘本書的沃土。

上述聚會是好幾年前的事了，其後是驗證、重整、評檢起初想法的日子。如今我們有信心將我們的反思付諸文字了，但仍要向上述「先鋒」致謝，沒有他們的貢獻，本書不可能寫就。正如昔日美國開國者也許難以想像自己探索的地土會變成今日模樣，我們的友好或許也難以在本書辨出他們的觀點。不過他們的觀點確然在這裏，而且是本書的根基。

導論

憐憫二字通常引發正面的感受。我們喜歡將自己想像成滿有憐憫的人，就是說：大致而言，善良、溫柔、善解人意。或多或少，我們假設憐憫是自己對人類苦難的自然反應。試問誰不憐憫窮乏的老者、挨餓的孩童、癱瘓的士兵、張皇的少女？要說憐憫並非不證自明的人類特質，似乎叫人難以接受。人若指控我們缺乏憐憫，我們豈不深感被冒犯了？那聽起來豈不像在指控我們沒有人性？的確，我們不用多想，就以憐憫為人的本性——沒有憐憫的人，就像沒有人性的人，是難以想像的。

然而，假若擁有人性與擁有憐憫是同一回事，為何人類會備受衝突、戰爭、仇恨、壓迫困擾？為何這麼多人會挨餓、赤身、露宿街頭？為何種族、性別、宗教之間的差異，會攔阻人彼此接近，不能建立羣體？為何數以百萬人飽受疏離、隔絕、孤單之苦？為何人會彼此傷害、虐待、殺戮？為何我們的世界如此糟糕？

這些問題驅使我們認真思考我們對憐憫的理解。憐憫的英文 compassion 源於兩個拉丁字：*pati* 及 *cum*，加起來意思是「共患難」。憐憫要求我們進到傷害之處、痛楚之地，與人分擔破碎、恐懼、困惑、苦痛。憐憫要求我們與悲慘的人同呼喊，與孤單的人同傷悲，與哀哭的人同哭。憐憫要求我們因著軟弱者而變得軟弱，因著容易受傷者而變得容易受傷，因著無力者而變得無力。憐憫就是徹底浸淫在人類境況中。當我們這樣理解憐憫，就知道憐憫不僅是一般的善良或好心腸——憐憫既然是共患難，難怪令人打從心底產生抗拒，以至積極抵制。我們很自然地認為：「這是自我摧殘，這是自虐，這是病態的以苦為樂，這是變態的癖好。」我們必須承認這抗拒的存在，並明白受苦不是我們的偏好，它吸引不了我們。恰恰相反，受苦是我們想極力避免的。所以說，憐憫不是人生而有之的反應。我們都會避開痛苦，同時覺得喜歡受苦的人不正常——起碼是十分不尋常。

因此，憐憫並非人皆有之的自然反應；亦因此，有人毫不猶豫地宣稱「滿有憐憫的社會」無異於「病態社會」，就不足為奇了。譬如英國記者禾思翰（Peregrine Worsthorne）就毫不諱言自己的「毫不憐憫」觀點：

> 一個真正滿有憐憫的社會——就是能夠達至理想，真心站在不幸者的位置上的社會——很快會發現自己正邁向一個方向，一個有損個人自由的集體方案……有一個真實而可怖的險境，就是人民真心開始與苦難世界感同……任何健康社會，都不應該容許自己用不幸者的眼光看世界，因為不幸者對文明的至高價值（就是個人自由）不感興趣——沒有興趣探知，更遑論充分利用。事實上，受了先天命運或後天環境影響，他們大多未能善用自由……他們很大機會成為社會中對這至高價值最不愛慕的一羣，最容易受引誘去蔑視自由，損害自由。[2]

禾思翰的話聽來相當刻薄，卻可能道出我們行事為人的實況，雖然我們不願意承認。我們未必像禾思翰那樣奉個人自由之名去抗拒憐憫，卻可能頗接近他的想法：憐憫不能，也不應成為人類行為的主要動原！假如真的要在日常生活給予憐憫一席位，頂多讓它處在思想與行動的邊緣好了！我們跟禾思翰一樣，對一個由憐憫主導的世界，是抱持懷疑態度的。在我們心目中，期盼這樣的世界是天真爛漫、不切實際的。我們「知道」得太清楚了：如果重大決定掌握在滿有憐憫的人手中，文明不可能存留！對那些並非活在夢想世界，而是面對生活現實的人來說，憐憫頂多是當下這激烈競爭現況中一個微小而次要的部分而已。

在寫作本書的初期，有一件事將上述冷酷想法深深烙印在我們心中。有一天我們三個人去拜訪參議員堪富利，問他對「政治中的憐憫」有何看法。我們都覺得他是政壇上最有慈悲心腸的人。堪富利接見我們之前，才剛與孟加拉駐美大使會面，他看見我們，顯然在期待我們向他發出投訴、請求或稱讚，不料聽到我們問他對「政治中的憐憫」有何看法，顯然有點愕然。他隨即離開他的巨型紅木辦公桌（桌上有個名牌，提醒訪客他是前任美國副總統），跟我們一起坐在咖啡几旁。當他聽完我們的提問，弄清楚這似乎有些異常的情況時，稍一定神，起來走回他的辦公桌，在桌面拿起一支鉛筆，以他那聞名的偏高聲線說：「幾位先生，看到這支鉛筆嗎？橡皮擦只佔它極小的部分，而且只在你犯錯之後才用得著。同樣道理，憐憫也只是在出了亂子後才會用得著！你要知道，人生的主幹是競爭，憐憫不過是橡皮擦！幾位先生，很遺憾啊，在政治中，憐憫只是競爭的一小部分罷了！」

憐憫的作用，是消除人生的錯誤，正如鉛筆末端的小小橡皮擦，用來擦掉紙上的錯字！也許這就是我們大多數人心底最誠實的感受和想法。憐憫不是我們人生的核心關注，亦非主要立場。我們真心渴慕的，是一生成功，一馬當先，超越羣倫，鶴立雞羣。我們渴想闖出名堂，揚名立萬，與人保持安全距離。我們不想與人共患難——相反，我們想方設法讓自己遠避痛苦！醫院和殯儀館往往變成粉飾太平的地方，遮掩了病者和死者。受苦是不受歡迎，以至惹人嫌厭的，總之令人避之則吉。這是我們主要的態度。在這種情況下，難怪憐憫不過是長長硬硬鉛筆末端的小小軟軟橡皮擦！憐憫無非是善待競爭中的傷者：在煤坑中受困的礦工惹人憐憫；在考試壓力下崩潰的學生惹人憐憫；未能為兒女提供足夠衣食、領取救濟金度日的母親惹人憐憫；大城市中垂死的獨居老婦惹人憐憫……但我們的主要參考框架還是關乎競爭，畢竟我們需要煤炭和讀書人嘛！況且所有制度都有虧缺啊！

由此可見，一個乍看似乎「生而有之」的人類德行，其實不是那麼一回事！正因為憐憫在我們生命中的位置是含糊的，我們決定撰寫本書，我們的討論也就此展開。我們是否必須承認人就是喜愛競爭多於憐憫，因此對憐憫持守某種「健康的質疑」？我們是否應該彼此提醒：人只能努力儘量避免彼此傷害？我們的最高理想，是否就是以最少痛苦換取最多滿足？

就上述問題，本書答案都是「不」！我們認為，要明白憐憫在生命中的位置，就要從一個迥異的角度去探究。我們的觀點立於耶穌的話：「你們要慈悲〔compassionate；或譯憐憫〕，像你們的父慈悲一樣」（路六 36）。我們深信一事：藉著憐憫，人性才得以完全發展。這不是隨口發出之言，而是經過多年討論、閱讀、寫作，還有許多（通常是痛苦的）經歷從而得出的結論。有許多次我們幾乎要放棄這議題，轉向輕鬆一點的議題算了，但每次我們遇上這試探，都覺得這是誘使我們質疑「委身基督」的價值。結果上帝的啟示益加清晰：憐憫的召命，是基督徒生命的主軸。漠視這召命（就算在寫作中），就是拒絕面對我們信仰的重大挑戰。

在寫作的最初階段，我們討論耶穌基督的生命、事奉、行動，並假設世人天生就渴慕憐憫。然而隨著年月過去，我們少了樂觀，多了現實。在美國和世界發生的事、對聖經的加深認識，還有許多朋友的批判觀點，都令我們不再輕信人的「憐憫傾向」，而是更察覺到耶穌那前衛無比的吩咐：「你們要慈悲，像你們的父慈悲一樣」——這吩咐原來並非重申我們已知的事（就是我們心底想做但忘了做的事，或曰合乎我們天性的事）。恰恰相反，耶穌的呼召與我們的本性相悖，耶穌的吩咐顛覆我們的想法，要求我們的心意徹底更新改變。這確然是前衛的呼召，關乎生命的根本。

基督呼召我們憐憫人，隨著我們對這呼召的前衛本質日漸加深了解，它亦影響了本書的內容結構。我們會先從滿有憐憫的上帝講起——上帝的本性藉著耶穌基督向我們啟示——因為上帝的憐憫是我們憐憫的根源和基礎。然後我們看看基督的門徒「活出滿有憐憫的生命」是怎樣一回事，因為惟有從作門徒的觀點理解這題目，才可明白「你們要慈悲，像你們的父慈悲一樣」的呼召。最後，我們要討論憐憫之道：禱告與行動，因為惟有藉著這兩個操練——一個面向上帝，另一個面向同伴——上帝的憐憫方可彰顯於世間。各位讀者，不論你的召命是甚麼，若你讀了本書，從而在這個欠缺憐憫的世界中，更察覺到一位滿有憐憫的上帝的同在，我們就感恩不盡了。

第一部

滿有憐憫的上帝

1
上帝與我們同在

同一陣線

上帝是滿有憐憫的上帝，這説法的首要意思，是上帝定意成為「上帝與我們同在」(God-with-us)。要真正且深入明白上帝與人同一陣線的含義，讓我們先探索「某人與我們同在」是怎麼一回事。

我們在何時獲得真正的安撫與安慰？是否在某人教導我們該怎樣想、怎樣做之時？是否在我們接受某人意見去哪裏、做甚麼之時？是否在我們得到確據或盼望之時？也許有時是這樣，不過真正至關重要的，其實是在痛苦與患難之際，有人陪在身邊。遠比行動或建議更重要的，是關懷者的同在——就算僅僅陪伴身旁。大難臨頭，假若有人對你說：「我不知道該說甚麼、該做甚麼，我只想你知道：我會陪伴你，我不會撇下你」，這個人就是朋友，我們也得到了安撫與安慰。在一個鼓吹方法與技巧的世代——這些方法與技巧被用來改變人，影響人的行為，使人有新行動或新想法——我們已經遺失那簡單卻難成的恩賜：與人同在。我們失卻了這恩賜，是因為我們被人說服，相信一個說法：你的出現必須有用！我們說：「我為甚麼要見這人？我甚麼也幫不上啊！我也想不到可以對這人說甚麼……我做這事有甚麼作用呢？」我們忘記了的是：人獲得安撫與安慰，往往就在一些「無用」、平平無奇、再普通不過的「與人同在」之際。然而，與人同在是難的，因為必須分擔對方的軟弱，進入對方的無能為力之中，踏進不可預知的領域，放棄控制與自決——不過，往往就在此際，新的力量與盼望油然而生！在疾病、哀傷、靈性幽暗中仍然堅持與我們同在的人，不但帶來安慰與安撫，而且與我們變得親密，彷彿成了血緣親屬。他們甘願闖進我們生命中一些陰暗莫名的角落，表明願意與我們站在同一陣線。正因如此，他們帶來新希望，幫助我們尋找新方向。

這些反思幫助我們一瞥「上帝是一位與人同在的上帝」的意思——上帝進入我們的生命，與我們站在同一陣線。這不是說上帝化解了我們的難題，給我們指點迷津，解答了所有疑問。當然上帝可以這樣做，但上帝與我們站在同一陣線，是指上帝願意介入我們的難題、困局、疑問。

這就是「上帝取了人的樣式」的福音。馬太福音述及耶穌誕生，這樣描寫：「這一切的事成就是要應驗主藉先知所說的話，說：必有童女懷孕生子；人要稱他的名為以馬內利（以馬內利翻出來就是『上帝與我們同在』）」（太一 22～23）。

每當我們稱呼上帝為「上帝與我們同在」，就踏進全新的親密關係中。每當我們稱呼上帝「以馬內利」，就確認了上帝的承諾：與我們站在同一陣線，分享我們的喜樂、分擔我們的痛苦，保守看顧我們，與我們共度時艱。「上帝與我們同在」，表明一種親密關係：祂成為我們的避難所、我們的山寨、我們的智慧，以至我們的幫手、我們的牧者、我們的愛侶。我們永難真正認識「滿有憐憫的上帝」——除非我們的心思意念，都明白「道成了肉身，住在我們中間」（約一 14）

的意思。

人與人之間經常彼此抱怨，說：「你根本不知道自己在說甚麼！因為你不曾上街抗議遊行，或參加罷工，或面對旁觀者對你的憎恨！你沒有挨過餓，抵過冷，感受過被隔離的滋味！」我們說出這樣的話，其實是在表達心底一個信念：惟有那些在歷程中與我們站在同一陣線的人，我們才會願意聆聽他/她的安慰。上帝願意體悟我們的狀況，祂所要除去的痛苦，都是祂曾經親嘗的。上帝的憐憫，緊緊繫於祂凡事與我們站在同一陣線，因此我們可以與詩人一同宣告：「他是我們的上帝；我們是他草場的羊，是他手下的民」(詩九十五 7)。

出自肺腑

我們怎知道這不僅是美麗的空想？怎知道上帝是我們的上帝，而不是陌生人、局外人、旁觀者？

我們知道這是真的，因為上帝的憐憫已經在耶穌裏向我們顯明。耶穌不僅僅說：「你們要慈悲，像你們的父慈悲一樣」，祂也是上帝的憐憫在世間實質的體現

（embodiment）。耶穌對無知的、饑餓的、瞎眼的、患大痲瘋的、喪偶的，以至所有在受苦中來到祂面前的人，祂的回應總是出於屬天的憐憫——上帝願意成為人，乃是出於憐憫。我們要探究這屬天憐憫的奧祕，就要細看耶穌的言行。如果只看到患病者與受苦者可以即時脫離病痛與苦難，就誤解了福音書記載的神蹟奇事。假若這就是福音故事的要義，犬儒者的質疑就很有道理了：耶穌在世的日子，大多數人都**沒有**得到醫治；那些得到醫治的人，徒令沒有得到醫治的人感到更悲慘而已。然而，福音故事的重點不是病得醫治，而是驅使耶穌醫治病者的大憐憫。

福音書有一個扣人心弦的動詞，出現了十二次，都只用作描述耶穌或天父，這動詞大致可譯作「動了憐憫之心」。從希臘文 *splangchnizomai* 的字根 *splangchna*，可以看出這動詞蘊涵的深意與力度：*splangchna* 是腸臟，亦即肺腑，就是最隱密、最強烈的感情所在之處。人的摯愛與深仇，皆從肺腑而出。福音書描述耶穌的憐憫，乃是源於肺腑悸動，這是很深邃而奧祕的形容。耶穌所感受到的憐憫，明顯不是輕淺飄忽的愁緒或同情；這種憐憫遍及耶穌的存有

（Jesus' being）中最柔弱的部分，與用作形容憐憫的希伯來字 *rachamim* 密切相關：*rachamim* 可譯作耶和華的子宮（the womb of Yahweh）。原來，憐憫是耶穌的一種深刻、重要、強烈的感受，它只能被形容為上帝子宮的悸動。正正在此，隱藏了上帝所有的和善與溫柔；正正在此，上帝既是父親又是母親，既是兄弟又是姊妹，既是兒子又是女兒；正正在此，一切感覺、情緒、感情，在上帝的愛裏同歸於一。在耶穌動了憐憫心之際，眾生之源在顫動，眾愛之土破開，上帝的和善之深邃向人展示——深遠博大、深不見底、深不可測。

這是上帝憐憫的奧祕，見於新約聖經的醫治故事。耶穌看見羣眾困苦流離，如同羊沒有牧人一樣，就從心底憐憫他們（太九 36）。耶穌看見瞎眼的、癱瘓的、耳聾的，從各處被帶到祂面前，祂打從心底顫動不已，對他們的苦楚感同身受（太十四 14）。耶穌看見數以千計人跟了祂幾天，又累又餓，於是對門徒說：「我憐憫這眾人」（可八 2）。兩個瞎子求耶穌醫治，祂就憐憫他們（太九 27），還有一個跪在祂面前的大痲瘋患者（可一 41），還有兒子剛死去的拿因的寡婦（路七 13），這些人都打動了耶穌，耶穌對他們深切的愁苦感同身受——耶穌與迷失的一同迷失，與挨餓的一同挨餓，與患病的一同患病。耶穌以完全的人性去感應一切人間疾苦。上帝向我們揭示一個重大的奧祕：耶穌是無罪的上帝之子，祂甘願承受我們一切患難，為使我們發現受苦真正的本質。在耶穌裏，我們看見並體驗真正的人性。耶穌是上帝，卻取了破損的人的樣式，這不是詛咒（創三 14～19），反倒是賜福。耶穌的屬天憐憫，使我們得以面對邪惡的自我，因為它改變了破損之人的狀況——從絕望的緣由，變為盼望的源頭。

我們說耶穌基督表明上帝與我們站在同一陣線，就是這個意思。在耶穌裏、藉著耶穌，我們知道上帝是我們的上帝，曾經體驗我們的破碎，甚至「替我們成為罪」（林後五 21）。上帝以無限的溫柔與憐憫，擁抱人世間的每樣事。

迎向新生

但醫治的事呢？豈不是有瞎子看見、大痲瘋病者得潔淨、癱子行走、寡婦兒子從死裏復活嗎？這些不重要嗎？這豈非證明上帝是上帝，而且真的愛我們嗎？對這種實利主義（pragmatism），我們必須格外留神。耶穌醫治，是出於祂的憐憫，不是為了證明甚麼、炫耀甚麼、說服甚麼。醫治是耶穌神性的自然流露。上帝大愛的奧祕，不在於我們的痛苦被除去，而在於上帝竟然願意分擔我們的痛苦。上帝與我們站在同一陣線，這帶來新生。耶穌的肺腑，被人間疾苦深深打動，這迎來新生。上帝是我們的上帝，是眾生的上帝。在上帝的「子宮」裏，生命不斷重生。上帝的大奧祕不在於醫治，乃在於無限的憐憫——醫治的源頭。

我們都太清楚了，醫治背後若無憐憫，會是怎麼一回事。我們都見過重獲行走、看見、說話能力的人，他們的心仍在黑暗苦毒的捆鎖中。我們都太清楚了，醫治若不是出於關心，不過是假的醫治，不能領人進入光明，而是領人落入黑暗。我們切莫哄騙自己了，通往新生是沒有捷徑的。記在福音書裏的耶穌醫治事迹，關乎祂與我們同在，二者密不可分。這些醫治事迹，表明耶穌之憐憫的無限生機，亦表明祂與我們站在同一陣線所成就的。真正的福音，乃是關乎上帝並非遙不可及的上帝，或令人恐懼與避忌的上帝，或喜愛報復的上帝……祂乃是會被我們的疾苦打動的上帝，祂全然參與人世間的掙扎。福音書的神蹟醫治提醒了我們這福音帶來的盼望和喜樂，而這福音，是我們真正的安撫與安慰。

好爭競的我們

捫心自問，我們必可發現：人生最大的動力是競爭，不是憐憫。我們深陷各式各樣的競爭之中。我們的自我意識，決定於我們與人比較之後，能夠找到甚麼差異。「我是誰？」這問題，若放在這世界的掌權者面前（學校主管、教會領袖、人事部主管、體育界高層、工廠經理、電視或電台主持），答案十分簡單：「你就是『你與眾不同之處』。」我們都是藉著自己與眾不同或過人之處，為人認識、尊崇、拒絕、嫌厭。我們究竟是否比人聰明、有用、有力、敏捷、靈巧、美麗，在乎我們與誰比較、與誰競爭，由此得出正評或負評，然後量度自己的價值。其實不用細想，也可知道這些正評或負評（不論是真實的還是來自想像）主宰著家庭問題、種族衝突、階級矛盾、社會/國際紛爭。的確，我們花費大量精力去捍衛民族之間、社羣之間的差異，因此，我們藉著與人保持距離，界定各自的身分角色。我們極珍惜自己的「戰利品」——說到底，若沒有任何足以炫耀、與眾不同的東西，我們就甚麼也不是了。

這無遠弗屆的競爭，延至人際關係的邊緣暗角，攔阻我們全心全意與人站在同一陣線，亦阻礙我們憐憫他人。我們寧可將憐憫擱置在充滿競爭之人生的外圍，因為憐憫迫使我們摒棄分界，消除差異，放下秀異——如此，我們的身分豈不消失於無形！難怪憐憫的呼召如此令人驚恐，引發極大抗拒。

這恐懼十分實在，影響人的大多數行為，亦揭露存於眾人心底的幻覺：我們可以打造自己的身分；我們代表了所處環境的集體印象；我們自己努力贏得的戰利品與獎牌就是我們的身分⋯⋯噯！這委實是最大的幻覺！我們因此成為好爭競一族，被迫緊抓差異，不惜代價都要保住差異，甚至使用暴力也在所不惜。

全新的我

耶穌賜予的憐憫，邀請我們放膽鬆開緊抓的手，與祂一同投身上帝的大無畏生命。「你們要慈悲，像你們的父慈悲一樣」，這不僅是吩咐，也邀請我們彼此親近，像上帝親近我們一樣。耶穌甚至要求我們以上帝的憐憫彼此相愛。屬天的憐憫，是不帶一絲爭競的憐憫。因此，惟有上帝有完全的憐憫，因為惟有上帝不與人爭競。上帝憐憫之弔詭，在於上帝全然與我們不同，所以上帝能夠憐憫人。亦因為上帝全然與我們不同，所以祂可以成為完全的人。上帝可以成為完全的人，因為祂是完全的神。概言之，上帝可以全然憐憫人，是因為人與上帝無可比之處，因此上帝與人並不處於爭競的狀態。

耶穌的吩咐——「你們要慈悲，像你們的父慈悲一樣」——是要我們投身上帝的憐憫，因為祂是我們的創造主。耶穌要求我們戳破好爭競的自我所製造的假相，不再緊抓自己想像出來的優越感以打造自己的身分，而是全身投入上帝的懷抱。這是基督徒生命的奧祕：領受新生命、新身分，靠的不是能夠成就甚麼，而是願意領受甚麼。這個全新的我，藉著基督、在基督裏，有分於屬上帝的生命。耶穌希望我們屬於上帝，就像祂屬於上帝；希望我們成為上帝的兒女，就像祂是上帝之子；希望我們捨棄充斥著懷疑恐懼的舊生命，領受新生命，就是上帝的生命。在基督裏、藉著基督，我們領受新身分，可以放膽宣告：「我有尊榮，非靠爭競獲得，卻出於愛，從上帝白白得來」，以至可以與保羅一起說：「現在活著的不再是我，乃是基督在我裏面活著」（加二20）。

這個全新的我——屬耶穌基督的我——得以滿有憐憫，就像我們的慈愛上帝滿有憐憫。藉著與上帝結連，我們脫離爭競，進入屬天的整全。當我們有分於上帝——不帶一絲爭競的那一位——的整全，就能與人建立全新的、滿有憐憫的關係。當我們從上帝——賜予一切生命的那一位——領受了身分，就能與人和睦共處，沒有隔閡與恐懼。這新身分不受制於貪婪與權慾，能使人全心全意、無條件地進入他人的苦難中，使我們得以醫治疾病，以至起死回生。當我們有分於上帝的憐憫，一種全新的生活方式即向我們展開，我們在使徒的生命，還有歷世歷代為基督作見證的先賢聖哲之美好見證中，曾一瞥這種生活方式。這屬天的憐憫迥異於自我打造的憐憫（後者是爭競的產物），它是新生活方式的體現，一切人與人之間的比較、爭鬥、競逐，漸漸不再奏效。

保羅在腓立比書提及這嶄新的憐憫，給了我們一個極美的典範：「我是怎樣以基督耶穌的心腸切切想念你們大家，上帝可以為我作證」(腓一8；《新漢語譯本》)。保羅切切想念腓立比信徒，對他們的經歷感同身受，就像耶穌對祂面前的百姓的困苦感同身受。這箇中的奧祕，是保羅以屬上帝的心腸去愛上帝的子民。因此保羅的憐憫遠遠超乎同情心或情緒依戀，它是一種在基督裏新人性的彰顯。在基督裏，保羅有分於上帝的憐憫，是擁抱一切、刻骨鏤心的，以致他可以說出「我以基督的心腸(*splangchna*)切切想念你們……」，這帶著基督至深藏、至深刻的屬天本性。保羅得以脫離爭鬥與競逐，是因著他在基督裏的新生命，令他擁有屬天的憐憫去關懷會眾。這揭示了保羅事奉的大奧祕：以上帝的憐憫去接觸人，這憐憫既深博又豐厚，不可能不結果子。這也揭示了團契新生活的奧祕：我們可以在憐憫中匯聚，因為各人都有分於上帝的憐憫。在這憐憫中，也藉著這憐憫，我們可以學習與他人站在同一陣線，正如上帝與我們站在同一陣線，毫無保留，不折不扣。

2
奴僕上帝

耶穌虛己

上帝的憐憫並非抽象、不確實的，而是確實、具體的舉動：上帝走近我們。在耶穌基督裏，我們看見上帝憐憫的豐沛。祂走近我們——當我們在破碎的深淵中，呼求那願意伸向我們的手、擁抱我們的臂、親吻我們的唇、此時此刻向我們發出的話、一顆不會因我們的恐懼與顫抖而懼怕的心；祂走近我們——當我們獨自承受苦痛，因為沒有人在過去、現在、將來能感受到我們的苦痛；祂走近我們——當我們總在等候有人能放膽靠近我們，真誠地對我們說：「我與你同在。」耶穌基督——祂名為「上帝與我們同在」——

來到我們中間，是出於祂的愛。祂毋須經驗人間的境況，卻因著愛，願意經驗人間的境況。

我們無法掌握「上帝在基督裏與我們同在」這奧祕，但我們可以且必須以謙恭敬畏的心體悟這道理，並以這道理為安慰與安撫的泉源。昔日耶穌離開門徒之後，初代基督徒羣體嘗試用文字表達上帝憐憫的奧祕，其中一首至美至大的基督頌歌，被使徒保羅在腓立比書引述：

他本有上帝的形像，
不以自己與上帝同等
為強奪的；
反倒虛己，
取了奴僕的形像，
成為人的樣式；
既有人的樣子，
就自己卑微，
存心順服，以至於死，
且死在十字架上。

腓二6～8

在此我們看見，在耶穌基督裏向人啟示的那位滿有憐憫的上帝，乃是甘心成為奴僕的上帝。我們的上帝是一位「奴僕上帝」。這的確難以理解：一個願意成為無權者的人使我們得釋放；一個願意成為軟弱者的人使我們得力；一個丟棄一切尊榮的人給我們新希望；一個成為奴僕的人是我們的領袖。這些都超出我們的理解與感受，因為我們期望給我們自由的，不會是像我們一樣的被囚者；給我們健康的，不會是像我們一樣的患病者；給我們新方向的，不會像我們一樣失落困惑。

然而論到耶穌，聖經說祂願意虛己，取了奴僕的形象。作奴僕，意味著不僅受制於人，更受制於超越人類的（superhuman）權勢。那是處於一種無力的狀態，就是人覺察到被苦待，而那些不受控的事件、不知名的影響、不可料的因素是人的心思無法明白的，也是人無法控制的。在福音首批受眾所處的文化環境，上述權勢多為敵對且殘酷的神祇。在我們今日這世代，這些權勢可能不再是神靈，卻還是實實在在，而且兇惡如昔。核武器與核電廠，數以百萬饑民與垂死的人，酷刑室與極端暴行，不斷加增的搶劫、強姦、歪思、惡念，都讓人覺得身陷一個神祕權勢的羅網中，隨時隨地會毀滅我們。當我們醒覺自己面對生活與工作，其實毫無影響力可言，任何時刻都可能有事發生，立時奪去我們的性命、健康、快樂，憂愁與恐懼隨即填滿我們的內心。

我們廁身如此狀況，會試圖忘卻周遭的可怖環境，將眼目轉到「在我們之上」的某事或某人，期望從奴役中得釋放——這有甚麼好驚訝呢？耶穌的時代和我們的時代一樣，人人都強烈盼望找到不尋常、不平凡的顯赫東西，救拔自己脫離困局，進到一個與世界保持安全距離的境地，不讓世界輕易將我們吞噬。

自己卑微

聖經並非說耶穌從天而降，將我們從奴僕的位置提升，而是說耶穌自己成了奴僕，活在我們中間。上帝的憐憫，乃是體現於「奴僕職事」（servanthood）的憐憫。耶穌同樣受制於權勢，與我們一同承受恐懼、疑惑、憂慮。耶穌虛己，就是捨棄尊貴的位分——榮耀與權能，毫無保留，進入完全的依附狀況（a condition of total dependency）。保羅引述的基督頌歌，並非想我們將目光從人生現況轉到天上；恰恰相反，保羅想我們察看四周，並發現上帝就在我們當中。

不過該頌歌接著還這樣說：「既有人的樣子，就自己卑微，存心順服，以至於死，且死在十字架上。」上帝憐憫的本質就此顯明。耶穌不但嘗透人的限制——不能自主、不能免於恐懼，更要體驗最羞恥、最可怖的死法——死在十字架上。耶穌不但成為人，更成為最被嫌厭棄絕的人。祂不但經驗人的患得患失與恐懼，更經驗血腥酷刑的酸苦疼痛與非人對待，還有為重犯而設的死刑。在這樣的凌辱中，耶穌貫徹踐行虛己的真義，與人同在，施行憐憫。祂不但親嘗人生各種苦楚，還親嘗死亡的滋味，而且是最殘忍、最醜陋、最羞辱的死法。耶穌的死法，斷不是「正常」人願意接受的方式。

從福音書記載耶穌醫治人的事迹，我們體悟到上帝何等願意與受苦的人一同受苦，但代價是甚麼？如今我們明白了，就是成為奴僕——全然受制於怪異、殘酷、外來的力量。我們天生抗拒這條虛己與降卑的道路。我們當然欣賞那些嘗試體諒我們的人，以至感激那些願意了解我們感受的人。然而，若有人甘心承受我們勉力避開的苦楚，我們反而會有戒心！有條件地站在同一陣線，我們可以理解；毫無條件地站在同一陣線，我們是不理解的。

向下的引力

耶穌的憐憫蘊含著一股向下的引力。這特質令人不安，因為我們念及自己，總捨不得一股相反方向的引力，就是向上移動（upward mobility）的趨向：追求更高的生活質素、更豐厚的薪酬、更尊貴的地位。一位奉行向下移動（downward mobility）的上帝，令我們深受困擾！耶穌追求的不是更高位置、更多權力、更大影響；祂的移動方向，如巴特（Karl Barth）所言，乃是「從高處到低處，從勝利到失敗，從富足到貧乏，從凱旋到受苦，從生存到死亡」。[3]耶穌的人生與使命，就是接受自己無權無勢，藉此彰顯上帝大愛的無窮無盡。我們因此明白憐憫的意思：不是紆尊降貴，從特權靠向無權；不是從上向下俯首，探望欠缺運氣的人；不是同情或施捨，向未能向上移動的失敗者致意。恰恰相反，憐憫乃是走到受苦的人面前，並以苦難最大的地方為家。上帝的憐憫是徹底的、絕對的、不帶條件的、毫無保留的。是祂的憐憫，令祂不斷走進世上最被遺忘的角落，不停作工，直到沒有人再流淚。這就是上帝的憐憫，這位上帝不僅甘心做奴僕，更藉著奴僕職事，彰顯祂的神性。

前述基督頌歌，清楚描述上帝以奴僕的身分臨到世間，顯明祂對我們的愛。上帝憐憫的莫大奧祕，是上帝在祂的憐憫，還有在祂與我們一同處於奴僕的狀態中，啟示祂自己。成為奴僕，並非神性以外之事；虛己與降卑，也不在上帝真實本性之外。成為人的樣式，且死在十字架上，並非上帝神聖存在的短暫消失——恰恰相反，我們在虛己與降卑的基督裏，得以接觸上帝，看清楚上帝是誰，認識真正的神性是怎麼回事。正因為上帝是上帝，上帝的神性才能夠以奴僕的形象呈現。巴特說得好：「上帝去到遠方的國，隱藏祂的榮耀——這不會令祂蒙羞，因為祂在隱藏之中仍有尊榮。祂的隱藏，亦即降卑，是我們所見的祂本性的形象與映像。」[4] 在奴僕職事中，上帝的形象並不會因此而受損，或沾上異於其本性的東西。上帝的作為也沒有違反或罔顧其神性。相反，上帝在這奴僕職事中，向我們啟示祂自己。因此我們可以說，耶穌基督身上所呈現的向下引力，並非一股偏離上帝的力量，而是一股靠向上帝的力量；幫助我們的上帝，祂來不是要管轄人，而是要服侍人。這當中有一個特定的引申意義：上帝僅僅想藉著奴僕職事被人認識，因此奴僕職事，是上帝的自我啟示。

跟隨主的腳蹤

上帝給我們的憐憫呼召，因此有了新的面向：上帝的憐憫既顯於耶穌基督向下移動的腳蹤，那麼人與人之間的憐憫，理應跟隨主的腳蹤，就是虛己與降卑。毫無疑問，昔日耶穌的門徒明白這呼召，他們效法耶穌，取了奴僕的位分，在世上踐行上帝的憐憫。使徒彼得寫道：「你們眾人也都要以謙卑束腰，彼此順服」(彼前五 5)。他這話是回應耶穌的呼召。耶穌多次邀請我們效法祂的降卑：「因為，凡自高的，必降為卑；自卑的，必升為高」(路十四 11)。「因為，凡要救自己生命的，必喪掉生命；凡為我和福音喪掉生命的，必救了生命」(可八35)。「凡自己謙卑像這小孩子的，他在天國裏就是最大的」(太十八4)。「若有人要跟從我，就當捨己，背起他的十字架來跟從我」(可八34)。「虛心的人有福了……哀慟的人有福了……飢渴慕義的人有福了……為義受逼迫的人有福了」(太五3～10)。「要愛你們的仇敵，為那逼迫你們的禱告」(太五44)。

這是耶穌的道路，也是祂呼召門徒要踏上的道路。這道路起初令人畏懼——起碼令人不自在。誰願意降卑？誰願意殿後？誰願意做無權無勢的小子？誰甘心捨命，變得貧窮、哀傷、饑餓？這統統看似違反人的天性。然而當我們看到耶穌向我們啟示，祂的向下移動，乃是上帝的憐憫本性，就會開始明白：跟隨耶穌，就是有分於上帝不斷的自我啟示。我們踏上十字架的路，與耶穌同行，就成了上帝的子民；上帝的憐憫，也就透過我們的生命顯於世上。正如巴特所言，世人眼中不自然的事，卻是基督門徒眼中自然而然的事。[5] 既然上帝的本性在基督的奴僕職事中呈現，對我們這些要向世人宣告上帝同在的人來說，作奴僕就是自然而然的回應。所以使徒保羅可以對歌羅西信徒説：「現在我為你們受苦，倒覺歡樂；並且為基督的身體，就是為教會，要在我肉身上補滿基督患難的缺欠」(西一 24)。對保羅而言，作奴僕是自然而然的事，是在基督裏的新性情使然。

第二性情

我們的「第二性情」(second nature)——就是在基督裏、藉著基督而領受的性情——釋放我們，使我們可以在奴僕職事中踐行憐憫。憐憫不再是我們在特殊境況中操練的德行，或無計可施之下不得不採納的態度，而是我們立身處世的**自然**之道。這「第二性情」亦令我們不以道德判斷的眼光——即我們要確保自己的言行像個好基督徒——去看憐憫。我們有憐憫，只因我們有了新的立身處世之道。身為基督徒，我們蒙召作基督的使者，而上帝的無盡憐憫，在基督裏顯得具體而微，觸手可及(林後五 20)。作門徒，與基督同作卑微奴僕，就是作永生上帝的見證人。基督徒生命，就是透過作奴僕，為滿有憐憫的上帝作見證，而不是求取滿有患難與痛苦的生命。

在世人眼中，基督徒許多行為都顯得幼稚天真、不切實際，甚至無異於苦待己身。世人的想法無可厚非：任何對患難與痛苦感興趣的人，還有樂意降卑作奴僕的人，必然大有問題，不值得信賴！努力成為奴僕？這看起來違反情理，是變態的人生！若是努力幫助明顯欠缺生活所需者，沒有人會覺得你錯或怪；若在有能力的情況下嘗試消除人間疾苦，也無可非議。可是你若捨棄成就，自願地、有意識有計劃地成為奴僕，這做法便很反常，甚至扭曲了最根本的人類本能！努力幫助他人像我們一樣爬上高位，是值得尊敬的，甚至是慷慨的行為；但將自己丟在卑賤的位置，成為弱者，而且受制於人，這似乎是自虐狂的行為，違背做人的理想與目標！

世人的態度，可見於一個說法：「扶助比較不幸的人」——這話經常出自求助者或援助者。這種表達帶著精英主義的口氣，因為它假設**我們**成功了，萬事順利，而**他們**達不到我們的水平，需要扶助。我們的態度是：「幸運在我們這一方，不在他們那一方。但既然我們是基督徒，就必須抬舉他們，分一點好運氣給他們！毋容置疑的是：世界分為『幸運者』與『不幸者』，所以大家不要內疚，卻要做好人好事，就是關懷與你截然不同的人。」在這種思想底下，憐憫仍是爭競的一部分，與超凡的奴僕職事差天共地。

超凡的奴僕職事，是違反常理的——除非我們對它有嶄新的理解，就是以此為接觸上帝之道。人不可能渴求降卑與受逼迫，除非我們能夠在卑微與逼迫中發現上帝。當我們開始在奴僕職事的核心之處發現上帝——一切安慰與激勵之源——憐憫也就可以漸漸超越「善待不幸者」的層次。作為一種接觸滿有憐憫的上帝的經歷，超凡的奴僕職事能夠提升我們的眼界，超越各種界線：富與貧、成與敗、幸與不幸。超凡的奴僕職事並非一個任務，要人投身在眾多慘況中，它乃是滿有喜樂的生活方式：心眼打開，得見真實的上帝——祂樂意透過奴僕職事，向人啟示祂自己。貧窮人被稱為有福的，不是因為貧窮本身是好事，而是因為天國是貧窮人的；哀慟者被稱為有福的，不是因為哀慟是好事，而是因為哀慟者必得安慰。

由此我們觸及一個重大的屬靈道理：事奉乃是一種尋求上帝的表達，而不僅是渴想為個人或社會帶來改變。這説法很容易惹來各種誤解，但那些長期委身事奉的人，可以證實這説法的真確性。假若投身幫助人的主要動機，繫於可能達至甚麼改變，事奉就勢難持久。若成果總不出現，成效欠奉，所做的不受歡迎或不獲稱賞，我們就會失去堅持下去的力量與動原。若眼前所見盡是憂愁的、窮困的、患病的……一眾可憐的人，且在我們多番提供幫助之後，依然憂愁、窮困、患病、可憐，我們惟一合理的反應，豈非抽身而去，免得自己陷入犬儒或抑鬱之中？超凡的奴僕職事提醒我們：在持續不懈迎戰貧窮、饑餓、疾病以及任何人類苦難的同時，我們必須彰顯上帝的同在——祂溫柔、滿有憐憫，與我們同處這破損的世間。

滿有喜樂的奴僕

從那些效法耶穌基督、一生委身事奉的人身上，我們可以發現喜樂與感恩的特質。我們看見一些家庭，雖然身處諸般壓力下，父母與子女仍可以關顧對方，共敘天倫之樂；我們看見一些人，總願意接待異鄉人，款待客旅，陪伴有需要者；我們看見一些學生前去服侍老人家，還有不少人願意投放金錢、時間、精力，為挨餓的、被囚的、患病的、垂死的四處奔走；我們看見一些修女，在最窮乏的社區中事奉。真的事奉必有喜樂在其中，因為在事奉中，上帝的同在得以彰顯，上帝的恩賜得以臨到世間。所以當耶穌的門徒願意服侍人，就會發現領受的比付出的還多。就像母親關心子女，不尋求賞賜，因為子女就是她的喜樂；同樣道理，服侍鄰舍的，也會藉著受服侍者而獲得回報。

效法主踏上虛己與降卑之道的門徒，他們的喜樂顯明一個事實：他們追求的不是患難與苦痛，而是上帝——他們在生命中體驗了上帝的憐憫。他們關注的不是貧窮與患難，而是慈愛上帝的臉容。

這喜樂可被視為一種預見（anticipation），預見上帝的大愛全然彰顯。因此前述的基督頌歌，非終結於耶穌基督的向下移動。論到虛己與降卑的基督，頌歌的結語是：

> 所以，上帝將他升為至高，
> 又賜給他那超乎萬名之上的名，

叫一切在天上的、地上的，和地底下的，
因耶穌的名無不屈膝，
無不口稱「耶穌基督為主」，
使榮耀歸與父上帝。

腓二 9 ～ 11

若沒有這結語，就難以參透上帝憐憫的豐沛了。上帝在基督裏啟示的憐憫，並非終於苦難，而是終於榮耀。基督的奴僕職事，是屬天的奴僕職事，成全於復活基督的主權——基督獲賜超乎萬名之上的名。基督復活，是對其奴僕職事的終極確認。基督既為奴僕，一切奴僕職事皆獲升高與聖化，成為上帝憐憫的彰顯。我們一切喜樂與盼望的根基是：我們的奴僕職事，乃是與復活的基督聯合——藉著基督、在基督裏，我們成為滿有憐憫之上帝的兒女，祂是我們的母親兼父親。因此保羅可以宣告：「既是兒女，便是後嗣，就是上帝的後嗣，和基督同作後嗣。如果我們和他一同受苦，也必和他一同得榮耀。我想，現在的苦楚若比起將來要顯於我們的榮耀就不足介意了」（羅八 17 ～ 18）。

3
順服的上帝

上帝的內在生命

上帝在耶穌基督裏向我們啟示：祂是滿有憐憫的上帝。這屬天的憐憫，顯明於祂願意成為受苦的奴僕，與我們同在。上帝與我們同在，深刻地、溫柔地，感受我們的一切感受。人間所有疾苦在上帝心深處不住迴響。上帝甚至捨下祂大能的至尊位分，進到我們中間，作卑微的奴僕，洗我們那一雙雙受傷與疲憊的腳。

但這不是上帝憐憫故事的全部。有一個元素是我們必須深究的，如此才可以進一步窺探上帝對我們的無邊大愛之奧祕。在耶穌基督裏，上帝的憐憫不僅顯明於祂願意成為受苦的奴僕——祂更是在順服中，成為受苦的奴僕。順服乃是奴僕職事最深渺的向度。

我們常有強烈的渴望，想去服侍有需要的同伴，有時甚至夢想獻身扶貧事業，與受苦的人站在同一陣線。偶爾這些夢想會引發慷慨的行動，一些有建設有價值的計劃，甚或數以週計、月計以至年計的義行與善舉。不過這一切仍是由我們自己主導：自己決定何時出發、何時歸回；自己決定做甚麼、怎樣做；自己調校奴僕職事的幅度與深度。雖然因此我們可以成就不少善行，但箇中總有一個隱藏的危機：我們的奴僕職事，是否只是一種令人難以察覺的操控？既然可以隨時變回主人（當我們認為我們盡了責任或作出貢獻之後），那我們還是奴僕嗎？既然可以決定何時何地、付出多少時間精力，我們還是奴僕嗎？既然銀行戶口有足夠金額可以隨時買機票回家，就算去到遠方的國服侍，我們還是在踐行真正的奴僕職事嗎？

耶穌來到「遠方的國」，是奉派的結果。在祂的意識中，「奉派」始終居首位。祂永不為自己謀求甚麼。祂是順服的奴僕，不為自己發一言，不為自己做一事；祂的一言一行，全然順服差祂來的那一位。

在此我們試圖表達一個難以言喻的道理，在耶穌裏，上帝向我們啟示一事：憐憫不僅關乎奴僕職事，也關乎聽命順服。萬有都是藉著耶穌而有，而耶穌成了順服者。巴特說：「這是上帝內在生命的屬性：有順服在其中……在祂裏面，上帝既是授命者，也是受命者。」[6] 在耶穌基督裏，上帝本性的內在生命得以顯明。在耶穌基督裏，上帝的憐憫與順服不可分割。藉著耶穌的全然順服，上帝滿有憐憫地進到破損、受傷、痛苦的人類境況中。

親密的聆聽

話說回頭，我們必須提防自己對「順服」的扭曲，因為它會干擾我們對耶穌作為「順服的奴僕」的理解。**順服**一詞經常勾起負面的感受與想法：我們的腦海中立即浮現掌權者向無權者發號施令的畫面；我們想到我們聽從號令，無非是因為無力抗拒罷了；我們想到自己在做別人說「對我們有益」的事，但那益處我們委實看不出來！我們又會想到發令者與追隨者之間的鴻溝。當我們說：「我們出於順服去做這事」，通常言下之意，是我們不大明白自己在做甚麼！我們只不過是接受了別人的權威，無視自己的意願或需要而已。因此**順服**一詞總是沾上敵意、怨懟、疏離的意味，幾乎是「在上位者將意願加諸別人」的代名詞。

但這些負面的聯想，統統與耶穌基督的順服無關。耶穌的順服，乃是聽了上帝的愛語，然後作出回應。順服的英文 obedience 來自拉丁文 *audire*，意思是「聆聽」。耶穌基督所體現的順服，是完全的聆聽、毫無遲疑與毫無保留的專注、心無旁騖。這是兩者之間的親密表現：順服的一方對授命的一方的意願了解透徹，而且滿心惟獨一個渴求：踐行召命。

親密聆聽的最美彰顯，乃是耶穌稱上帝為「阿爸」（Abba），祂「親愛的天父」。對耶穌而言，**順服**一詞不帶絲毫恐懼，反倒表達了一種最親密最摯愛的關係。這份與慈父的關係，見於耶穌在約旦河受洗時，天父宣告：「這是我的愛子，我所喜悅的」（太三 17）。這亦見於他泊山上天父的宣告：「這是我的愛子，我所喜悅的。你們要聽他！」（太十七 5）。耶穌的言行，是對上帝的愛之順服回應。我們一再重申：耶穌稱上帝為阿爸，祂所提到的這愛，是我們所知一切愛的總和，更超越人所能理解的愛。這是父親的愛，也是母親、兄弟、姊妹、朋友、情侶的愛。這愛嚴厲卻又滿有恩慈，嫉妒卻又願意分享，督責卻又指引，極具挑戰卻又呵護備至，中立卻又支持，無私卻又異常親密。我們從各種人際關係所經驗到的各種愛，都包含在耶穌與天父的愛裏，也由這愛全然轉化與提升。

留心所愛

迄今我們主要用**上帝**一詞來表達屬天憐憫的主體（subject），但我們必須記住，耶穌稱這位滿有憐憫的上帝為「阿爸」，就是「親愛的天父」。順服是在愛中聆聽上帝的話，而上帝是我們親愛的天父。這聆聽不帶絲毫距離、恐懼、遲疑、猶豫，只有毫無條件、無窮無盡、毫無保留的愛，它源於滿有慈愛的上帝。耶穌對這愛的回應，同樣是毫無條件、無窮無盡、毫無保留。耶穌進入苦痛無邊的世界，委身成為奴僕——如果我們以這行動為逞英雄的舉動（就像小孩子想贏取父母的愛，或兒女惶恐地聽從嚴父指令），就真是大大誤會耶穌了。相反，這些行動反映了耶穌對屬天大愛的屬天聆聽，對愛心使命的愛心回應，對自由指令的自由遵行。

從起初耶穌在聖殿中所說的話：「為甚麼找我呢？豈不知我應當以我父的事為念嗎？」（路二 49），到最後耶穌在十字架上所說的話：「父啊！我將我的靈魂交在你手裏」（路二十三 46），可見耶穌的首要並惟一關注，就是遵行上帝的旨意。可能耶穌的教導與醫治神蹟太眩目了，令人容易忘記了祂的事奉乃是出於順服。耶穌的生平與教導真正難能可貴之處，乃在於祂的順服。有些人也行過神蹟，吸引大批羣眾，發表令人心馳神往的講話，批判宗教領袖的偽善，甚至為理想接受可怖的死刑——假若我們尋求的是具備勇氣，強悍、慷慨的男男女女，可能真有不少人的言行足以與耶穌匹敵。然而，耶穌與其他人的分別，在於耶穌的順服。「我憑著自己不能做甚麼⋯⋯我不求自己的意思，只求那差我來者的意思」（約五 30）。「我對你們所說的話，不是憑著自己說的，乃是住在我裏面的父做他自己的事」（約十四 10）。在極度痛苦中，耶穌仍緊抓著上帝的旨意：「我父啊，這杯若不能離開我，必要我喝，就願你的意旨成全」（太二十六 42）。耶穌的死是祂順服的最後一幕：「〔他〕就自己卑微，存心順服，以至於死」(腓二8)。

難怪使徒保羅將耶穌的順服視為人類救贖的本源。他對羅馬信徒說：「因一人的悖逆，眾人成為罪人；照樣，因一人的順從，眾人也成為義了」(羅五19)。耶穌的話滿有屬天的權柄，因為是出於順服而說的；同樣道理，耶穌出於順服而受死，這使祂成為我們神聖的救主。

因此，滿有憐憫的上帝，不僅是服侍人的上帝，更是出於順服而服侍人的上帝。如果我們將奴僕職事與順服分開，憐憫就成了屬靈的炫耀。但當我們明白耶穌的憐憫，乃是出於親密聆聽上帝那毫無條件的愛，就知道奴僕職事其實是憐憫的完全彰顯。耶穌全心留意天父的同在，這是祂的立足點，由此走進苦難世界。馬可福音對此——從親密的聆聽到憐憫——有極精采的描述，我們讀到：「次日早晨，天未亮的時候，耶穌起來，到曠野地方去，在那裏禱告」(可一35)。就在這個祂全心與親愛天父交往的地方，耶穌開展祂的召命。「〔門徒〕遇見了就對他說：『眾人都找你。』耶穌對他們說：『我們可以往別處去，到鄰近的鄉村，我也好在那裏傳道，因為我是為這事出來的。』於是在加利利全地，進了會堂，傳道，趕鬼」（可一37～39）。

上帝的憐憫在耶穌順服天父、與我們同受苦難中彰顯。耶穌並非大勇英雄，藉著虛己與降卑去贏取傾慕與稱讚。耶穌並非超級社工、超級醫生、超級幫手。耶穌並非大英雄，作出各樣無人可以模仿的捨己義行。耶穌並非屬靈巨人或超級巨星，祂的憐憫不會招人嫉妒，或挑動人的爭競渴望，要跟祂比拚誰可以去得更遠、更高、更深。不！耶穌是順服的奴僕，聽從上帝呼召，樂意作出回應，就算必定迎來痛苦與患難。耶穌的渴望並非要體驗痛苦，而是要全心專注留意親愛天父的聲音。

上帝的愛在我們裏面

順服乃是屬天憐憫必不可少的特質——能夠強調這一點，就能以新的觀點看待生命。它告訴我們，效法基督的憐憫，不等於以受苦為目標與心志。基督徒曾被批評為「對受苦有病態癖好者」，這批評不無道理。其實受苦不是重點。與耶穌基督相交，不等於要承諾多多受苦（愈多愈好），而是要承諾與主一起聆聽上帝的愛語，心中不存恐懼。我們蒙召順服上帝，所謂順服，乃是親密地、放膽地聆聽上帝源源不絕的愛語。

但我們經常按捺不住，試圖以「上帝的旨意」去「解釋」苦難，這不僅觸發怒氣與挫敗，更重要的是：這根本不是事實！「上帝的旨意」不是貼在逆境苦況上的標籤！上帝要帶給人的是喜樂，不是苦痛；是和平，不是戰爭；是醫治，不是病患。因此我們要做的，不是將任何事、每件事都宣告為上帝的旨意，而是要不斷問自己：在苦痛和患難中，怎樣辨明上帝的大愛同在？

假若我們能夠發現：順服聆聽的結果，是被導引到受苦的鄰舍面前，我們就能滿懷喜樂到他們中間，知道是愛讓眾人走在一起。我們聽不到，是因為我們害怕會聽到上帝大愛以外的東西。這是不足為奇的，因為我們極少（甚至從未）經驗到純全的愛，就是那不帶絲毫嫉妒、怨恨、復仇以至憎恨的愛。我們經驗到的愛，總是帶有限制與條件。當愛叩我們的門，我們難免心存警戒，預備接受失望。我們心中的懷疑是頑固的，因此難以聆聽或順服。耶穌可以全心聆聽與順服，因為祂認識天父的大愛：「這不是說有人看見過父，惟獨從上帝來的，他看見過父」（約六 46）。「……你們不認識他，我卻認識他；因為我是從他來的……」（約七 28～29）。

不過耶穌來到世間，沒有霸佔著自己與天父的親密關係，彷彿這是祂的私產。耶穌希望我們有分於祂對天父的順服，耶穌要引領我們到上帝面前，分享祂與天父的親密關係。當我們明白在耶穌裏、藉著耶穌，我們可以成為上帝的兒女，並以完全的信任與順服聆聽親愛的天父，就知道我們也獲邀效法耶穌，成為滿有憐憫的人。當順服成了我們首要且惟一的關注，我們就能滿有憐憫地進入世界，深深感受世界的疾苦，甚至藉著我們的憐憫讓人獲得新生。這正是耶穌那段震懾人心的話的真義：「你們當信我，我在父裏面，父在我裏面……我實實在在地告訴你們，我所做的事，信我的人也要做，並且要做比這更大的事，因為我往父那裏去。你們奉我的名無論求甚麼，我必成就，叫父因兒子得榮耀」（約十四 11～13）。

仰望上帝

將憐憫視為對親愛上帝的順服回應，就能避免一個揮之不去的試探：將憐憫視為自我犧牲的壯舉。這試探難以避免，而很多基督徒都深信「受苦愈多，生命愈好」。許多時候，基督徒甚至故意將各種痛苦加諸己身，因為誤信受苦等於效法耶穌基督的腳蹤。這態度招來不少批判者，當中最有名的可能是尼采（Friedrich Nietzsche），他說：「基督教站在所有軟弱、卑賤、失敗的一方；它美化了一切違反本能的東西，就是強健生命自保的本能……基督教的本質是一種憎厭（rancour），一種發自病態本能的憎厭，對健康的人、以至健康本身的憎厭。」[7]

這批判指出我們一個傾向，就是將我們對耶穌的觀感，囿於耶穌在十字架上的犧牲。我們忘卻了這犧牲是耶穌對慈愛上帝的順服行動，而上帝不但差遣耶穌來到世間，更叫耶穌從死裏復活，坐在自己的右邊。這個「到遠方國度之旅」——巴特以此形容耶穌的使命——是一趟愛心之旅，我們蒙召加入的，就是這個旅程。如果我們將「介入人間疾苦」定為終極目標、目的、理想，就扭曲了基督信仰的召命，既傷害自己，也傷害同伴。基督教聖人以至所有敬虔事主的基督徒，他們的生命都可見證這道理：他們的眼目並不停駐在疾苦上，而是停駐在主身上。他們問的不是「怎樣可以為上帝受苦最多？」，而是「怎樣可以更清楚地聆聽上帝？」。

韓國詩人金芝河的一生，表明他的聆聽，如何引領他矢志不渝地爭取公義，無畏無懼地追尋真理。金芝河不遺餘力地鞭撻南韓暴政，在朴正熙政權下，備受牢獄與酷刑之苦，更在一九七六年被判終身監禁。但他不屈不撓，堅守信念，他的盼望超越了他的受難，也超越了同胞的受難，因為他定睛在耶穌基督的受難。金芝河有個劇作名為《戴金冠的耶穌》（*The Gold-Crowned Jesus*），劇中有個賤民中的賤民——一個痲瘋病人——看見耶穌被政府、商賈、神職人員所囚。痲瘋病人問道：「耶穌啊，怎樣才可以釋放祢，令祢再生，再度臨到我們中間呢？」耶穌回答說：「單靠我的能力並不足夠，像你這樣的人必須同心協力，我才可以得釋放。那些只追求這世上的舒適、財富、尊榮、權力的人，只懂得為自己謀求進入天國、罔顧窮人的人……不能令我再生……惟有那些雖然自己非常窮困又身陷苦難，卻慷慨為懷，不斷幫助貧病潦倒者的人，就像你，可以令我再生。你們已在幫我重獲生命。你們將我頭上的金冠摘了，我的嘴唇因此獲得發言的自由。像你們這樣的人，將成為我的釋放者。」[8]

我們可能十分佩服像金芝河這樣的人，他們的人生顯出莫大的憐憫心，他們自己卻甚少提及他們的憐憫心。他們不喜愛受苦，也不會招惹苦難上身，只想減輕苦痛、消滅苦痛。吸引他們的是上帝的愛，這愛大有能力，令他們願意將患難痛苦視為召命的一部分，當必須承受苦難的時候到了，他們就有力量去承受苦難。

坦然無懼

在今日這充滿暴虐逼迫的世代，我們質疑自己有沒有能力抵受我們讀到或聽到的那種苦難，這是可以理解的。我們自問難以迎向苦難，亦對滿佈恐怖與悲劇的未來忐忑不已。但如果我們最主要的關注，是在日常生活中留心聆聽上帝的話，辨明上帝此時此刻對我們的心意，上述憂慮就是捕風捉影，徒令人分心而已。我們內心的不安、疑懼、張力，大多與擔憂不可知的未來相關。有時我們試圖以「長遠規劃」來減輕心中的憂慮，可是為未來所作之工，實不應該建基於憂慮，而應該建基於一些當下就值得奮鬥的願景。假若對未來新世界的企劃方案，不過是一種不滿現況的表達，就很容易落入梅頓（Thomas Merton）所說的「深思熟慮的絕望」（organized despair）了。

順服就是聆聽上帝今日向我們發出的聲音，感受上帝在日常生活中對我們的大愛關懷。順服就是全意留心上帝此時此刻要向我們說的話，並以愛心回應——因為上帝是慈愛的父親/母親（loving parent），在祂裏面只有愛。在上帝的同在裏，疑惑、恐懼、憂慮都不持久。恐懼總在製造距離與紛爭，但在上帝的同在裏，恐懼必然會消散。「愛裏沒有懼怕；愛既完全，就把懼怕除去」（約壹四 18）。

當我們細心留意上帝的大愛同在，即使被引領受苦，也不會令我們的心消沉，或令我們無力前行。我們會發現上帝不會要求我們承受過於我們所能承受的苦難，我們所受的試驗不會超越我們的力量。當我們被愛而非恐懼引領，就能進到最深的幽暗與苦痛中，經驗上帝看顧的力量，這種經驗乃是獨一無二的。耶穌對彼得說的最後一段話，是上述道理的最大印證。耶穌問了彼得三次「你愛我嗎？」，彼得作了三次保證後，耶穌說：「年老的時候，你要伸出手來，別人要把你束上，帶你到不願意去的地方」(約二十一 18)。雖然這並非彼得所渴望的，但他將會被帶到十字架上，像耶穌一樣受難，不過因為是愛而非恐懼引領彼得到十字架上，所以十字架不再是戰敗的記號，而是戰勝的記號。

這愛的實在，體現在拉丁美洲許多受盡殘酷虐待的基督徒身上。有一位弟兄在阿根廷貧民當中服侍了幾年，其後被捕入獄，他寫道：「在獄中的日子，我們基督徒生命的標記就是禱告，更準確地說，是代禱。當你聽到朋友被虐，發出絕望的慘叫，當你感到完全無助，就學會一個道理：向上帝禱告、呼求，是人惟一能做的事，也是惟一有價值的事。」他這封信所描述的黑暗是很少人經歷過的，但信中同時洋溢著凱旋的光采。在黑暗的籠罩下，這位弟兄感受到上帝的愛，從心底生發出對弟兄的憐憫，這是嶄新而深刻的經驗，以至他用這話作結：「要回到正常的基督徒世界，變得很不容易，一切都好像太殘舊、太造作、太乏力、太躁動了。對獄中的我們來說，福音是力量與軍裝，能夠對抗邪惡、仇恨、壓迫。」刊登這封信的《天主教工人》(*Catholic Worker*)雜誌編輯註道：「拉丁美洲的教會，以及第三世界大多數國家的教會獲賜一個駭人的機會，是我們艷羨不已的。」[9]

在順服中與其他人共患難，是遇見滿有憐憫的上帝之道。上帝的愛支撐我們活在世間，以深深的喜樂與感激之情，服侍我們的弟兄姊妹。

上帝是滿有憐憫的上帝。上帝在耶穌基督裏，也藉著耶穌基督（祂名為「上帝與我們同在」）將這個好消息帶給我們。耶穌基督不以世人為「局外人」，反倒與我們站在同一陣線。祂是奴僕上帝，為我們洗腳，醫治我們的傷患。祂是順服的上帝，願意聆聽，並以無邊大愛作回應。我們與耶穌基督同行，蒙召慈悲為懷，正如摯愛的上帝慈悲為懷一樣。在基督裏、也藉著基督，我們可以有力地見證上帝的憐憫，在這絕望的世界中，成為盼望的標記。

第二部

滿有憐憫的生命

4
羣體

沒有個人明星

本書第二部宏旨，關乎門徒生活之道。這題目有許多問法：「面對耶穌的呼召——『你們要慈悲，像你們的父慈悲一樣』，我們該如何作出有創意的回應？怎樣以『上帝的憐憫』為生命的根基與泉源？『上帝滿有憐憫的同在』怎樣顯明在我們的日常生活中？我們既是破損有罪的人，怎可能跟隨耶穌，成為『上帝之憐憫』的化身？『與人站在同一陣線，以順服的心服侍他們』，這是甚麼意思？」

新約聖經給我們的信息是：滿有憐憫的生命，是羣體的生命。憐憫不是個體的性格特質、人生態度、特殊天賦，而是羣體生活之道。保羅勸勉腓立比信徒要以基督的心活出滿有憐憫的生命，他這樣具體地描述：「凡事不可結黨，不可貪圖虛浮的榮耀；只要存心謙卑，各人看別人比自己強。各人不要單顧自己的事，也要顧別人的事」(腓二 3～4)。再者，保羅強調滿有憐憫的生命，是羣體的生命：「在基督裏若有甚麼勸勉，愛心有甚麼安慰，聖靈有甚麼交通，心中有甚麼慈悲憐憫，你們就要意念相同，愛心相同，有一樣的心思，有一樣的意念」(腓二 1～2)。

正因為我們太習慣從個體的榮譽與成就去思考事情，因此更要小心反省一個事實：滿有憐憫的生活，是羣體的生活。我們一起生活工作，藉此見證上帝滿有憐憫的同在。被使徒引領歸主的人，表明他們的歸信並非出於哪個明星的功德，而是藉著進入羣體的新生活：「信的人都在一處，凡物公用，並且賣了田產、家業，照各人所需用的分給各人。他們天天同心合意恆切地在殿裏，且在家中擘餅，存著歡喜、誠實的心用飯，讚美上帝，得眾民的喜愛」(徒二 44～47)。上帝的憐憫顯明在嶄新的生活方式中，這生活方式令教外人士亦驚詫不已，以至開口說：「看啊，他們彼此相愛！」

與基督相交的生命，定會顯在基督徒彼此相交的新關係中——這是滿有憐憫之生命的特徵。我們的普遍傾向，是將憐憫想像成個人成就，忘卻憐憫的羣體本質。耶穌基督虛己，取了人的樣式，願意卑微，以至死在十字架上；我們既然與耶穌基督相交，也就與其他基督徒建立新關係，這兩種新關係——與基督、與基督徒——是不能分割的。僅僅說「人與基督的新關係會帶來人與基督徒的新關係」還不足夠，事實是：基督的心意，是招聚我們進入羣體；我們的羣體生活，是基督心意的彰顯，正如保羅在羅馬書所言：

> 不要效法這個世界，只要心意更新而變化，叫你們察驗何為上帝的善良、純全、可喜悅的旨意。
>
> 羅十二2

走在同一路徑上

跟隨基督，就是懷著基督的心意，與人彼此相交；怎樣彼此相交？就像基督做在我們身上的：像奴僕一樣卑微服侍。作門徒，就是一起走在這同一路徑上。我們仍是全然**活在**這個世界，卻發現大家都是同一路徑上的伙伴，因此結為一個新的羣體。我們仍舊受制於世界的權勢，整天都在天人交戰，但卻與眾信徒成了新子民，有新的心意、新的看法、新的盼望，這是基於我們與基督的共同關係（common relationship）。因此，憐憫不可與羣體分割，它總在羣體中彰顯，它是一種全新的匯聚方式。與基督的關係，**就是**與弟兄姊妹的關係，保羅對這個說得再清楚不過了，他用甚麼來形容基督徒羣體？就是「基督的身體」。

耶穌基督的同在，顯明在基督徒羣體的生活裏。基督徒羣體使我們得以面對、承受世間的疾苦，並以憐憫回應，因為我們奉基督之名聚會，憐憫之主就在我們中間（參太十八20）。耶穌基督從來都是上帝之憐憫最深最廣的彰顯。

上帝在耶穌基督裏顯明的憐憫，藉著基督徒羣體體現在時空中——這概念為我們帶來太多難答的問題了。在我們的社會，憐憫已失去羣體的內涵，所以經常淪為它的反面；只要察看今日世界如何呈現人間疾苦，我們就可以從反面去理解憐憫的羣體本質。

轟炸你的感官

我們這時代其中一大悲劇，就是人們獲知前所未有之多的世間痛苦與患難，卻愈來愈難作出回應。電台、電視、報章，天天——以至時時刻刻——告訴我們世上發生的大小事。我們聽聞恐怖主義、武裝衝突、戰爭、刺殺、地震、旱災、水災、饑荒、疫症、集中營、酷刑室，還有遠遠近近各處的人類禍患。我們不但聽聞這些事，更可隨時看到圖像：挨餓的嬰孩、垂死的軍人、燃燒的房子、淹沒的村落、變形的車廂……新聞似乎成了絮絮不休的人類禍患實錄。我們不禁要問：這些精巧複雜的傳訊工具，還有這益發加增的龐大信息，是否令大家更團結、更有憐憫之心？答案似乎是否定的。

每天有數不清的人在吃早餐時看報紙，上班途中聽收音機，一天辛勞後回到家中看電視——我們可否期望他們看完新聞後心生憐憫？期望這些蝸居家中或車中，不斷接收人類禍患資訊的孤立個體心生憐憫，是否合理呢？

世人似乎有個假設：讓自己大量接收有關疾苦與患難的信息，是有益的事！相信並按照這個假設行事的，不僅是報章電台電視新聞，也是大多數救急扶危的非政府組織。慈善團體經常寄出募捐信，信中描述世界各地的困境苦況，並附上慘不忍睹的人類災難照片，為的就是挑起受信人的憐憫心，從而慷慨解囊。

然而我們要問的是：數以億計平凡人，其實都是自覺渺小、卑微、無力的個體，這些人備受傳媒資訊轟炸，究竟是利多還是弊多？如果沒有羣體在「世界需要」與「個體回應」之間斡旋，「世界需要」就是一個隨時可將人壓碎的千斤重擔。當人早已被親屬朋友這些小圈子的諸般難題逼得透不過氣來，再面對世間的疾苦，還可期望他們有甚麼獨特的回應呢？我們可以期望的只能是憐憫的反面：麻木與憤怒。

當人面對極大極多的人間苦難，最常出現的結果，是在心理上變得麻木。我們的心思受不了不斷被打擾——被迫放下手頭工作去留意別的事。當我們要在清晨打開店門做生意，或投入工作之中，或預備授課，或與同事交談，就不能同時關注世上的苦難。如果我們容讓天下新聞都闖進內心深處，定必被「存在的荒誕感」（the absurdities of existence）吞噬，變得麻木不仁。如果試圖吸收所有來自報章、電台、電視的報導，所有來自電腦、手機的信息，恐怕整天只會一事無成。能否維持工作效率，取決於有沒有過濾系統，減低每日新聞對腦袋的衝擊。

不但如此，大量接觸人間苦難的結果，除了麻木，還有敵恨。這個乍聽似乎怪異，但若細究人類面對不安信息和苦難的反應，你會發現是憤怒多於關懷，嫌厭多於同情，惱恨多於憐憫。人間疾苦，若以我們極難理解和感受的方式與程度出現在眼前，引起的往往是極負面的感受。許多時候，人性中最醜惡的部分，是在面對貌甚悲慘的人時被引帶出來的，其中最可怖的例子，見於納粹德國、越南、智利的集中營：似乎囚犯的模樣愈差，獄警就愈不介意施行酷刑與虐待。當我們不再把受苦者視為與自己平起平坐的同伴，受苦者的苦痛只會引發更多嫌厭與怒氣，而不是憐憫。因此安妮．法蘭克（Anne Frank）的日記，遠比許多揭露納粹暴行的影片（畫面上是數不盡的饑餓面孔、陰森監倉的可怕煙囪、身無寸褸瘦骨嶙峋的屍首）

更能透視苦難的本質，因為我們能夠理解安妮．法蘭克的感受；死傷枕藉的情景，只會令人嘔吐。

怎樣解釋上述麻木與憤怒？這其實是人在窘迫中的反應：「你明明知道我甚麼忙也幫不了，為甚麼還要讓我知道！」我們被迫面對人間疾苦的同時，也被提醒自己無能為力，因此打從心底感到被冒犯，繼而躲進自我防衛機制之中，就是麻木與憤怒。我們曾經說過，憐憫的精義是與受苦者站在同一陣線，由此看來，傳媒不斷報導人間疾苦，並不能令人心生憐憫。最熟悉世情的人——花最多心力用電腦、看報紙電視的人——不一定是最有憐憫心腸的人。

對傳媒提供的資訊心生憐憫是難的，尤其因為傳媒高舉「持平」原則（neutrality），晚間新聞就是典範：不論報導內容是甚麼——戰爭、兇殺、水災、天氣、足球賽果……——報導員的聲調與表情始終如一。此外，報導順序也是十足儀式化：首先是國家大事、國際衝突，然後是本地意外事故、股市消息、天氣，再來一小段警世良言，最後以輕鬆小品作結；在上述片段之間，是一段段充滿笑臉的廣告，勸你購買這樣那樣的「必需品」。整個新聞報導提供的經驗，令人抽離，置身事外；最正常的反應，就是別再花心力在世事上，還是快快刷牙洗臉，上牀休息去吧。

所以核心問題是：人怎樣才可以看見世間苦難，即心生憐憫，正如耶穌看見一大羣人餓著肚子，就心生憐憫（太十四 14）？這問題在今日世代尤其迫切，因為我們看見太多，感動太少。

羣體是中介

基督徒羣體是「世間苦難」與「個體對世間苦難之回應」的中介，因為基督徒羣體是作為中介的耶穌（mediating Jesus）在世與人同在的活生生彰顯，這讓我們可以全然察看人間苦況，卻不至手足無措。在基督徒羣體裏，我們可以睜眼看、專心聽一切世事，卻不被資訊的過度刺激影響，以至麻木，或被無能為力的感覺惹怒。在基督徒羣體裏，我們可以認識饑饉、壓迫、虐待、核武威脅，卻不陷入宿命式無奈之中，也不淪為但求自保。在基督徒羣體裏，我們可以全然明白社會的狀況，而不至失措驚惶。

有一位名叫馬力諾（Joe Marino）的美國神學生，

在印度加爾各答(Calcutta)貧民中全時間事奉，他的經驗是最佳說明。接待馬力諾的是仁愛傳教兄弟會(Missionary Brothers of Charity)，他們終日面對難以言傳的人間悲劇，不過正是身在這樣的境況中，馬力諾發現了羣體的中介力量。他在日記中寫道：

> 有一晚我跟耶遜洛修士(Brother Jesulão)促膝長談，他告訴我說：假如某修士不能與其他修士同工，和諧共處，那修士就會被要求離開……就算他服侍貧民的工作極有果效……兩天後我與韋理修士(Brother Willy)散步，他提到與其他修士一起生活，才是他的首要任務。在愛弟兄的事上他備受考驗，以至宣告說：如果我不能愛這些同住一起的修士，又怎能愛那些街上的人呢？[10]

在基督徒羣體裏，我們奉基督之名匯聚，在苦難世界中經驗祂；我們舊有而軟弱的心思意念，不能全然體悟世上的苦痛，卻在羣體裏得到改變，變成基督的心思意念——對耶穌基督來說，人性中沒有事情是祂不曾體悟的。在羣體裏，我們不再是一個個無助無援的個體，而是變成上帝的子民；在羣體裏，我們的恐懼與憤怒，被上帝毫無條件的大愛轉化，成為上帝無邊憐憫的默默彰顯；在羣體裏，我們的生命變得滿有憐憫，因為藉著我們的共處與同工，上帝的憐憫顯於破碎的世界中。

我們由此可見滿有憐憫之生命的最深層意義：藉著匯聚的生命，我們有分於屬天的憐憫。既有分於屬天的憐憫，就能負基督的軛、擔基督的擔子——祂每時每刻擔負人類所有苦痛——卻知道祂的軛是容易的、祂擔子是輕省的（太十一30）。

只要我們一天仍然仗賴自己有限的資源，世界就能嚇退我們，我們也會設法躲避招致痛苦的下場。直到我們有分於上帝的憐憫，方能深入世上最隱蔽的角落，做耶穌基督昔日所做的事——不但如此，而且是更大的事（約十四12）！

哪裏有真正的基督徒羣體，那裏就有憐憫發生。初代教會羣體散發的能量確然是屬天的，被它觸及的人，都因它而改變。這能量今天仍在，仍能發揮效用，只要人奉基督的名匯聚，心存謙卑柔和，負祂的軛（太十一 29）。你毋須是本篤（Benedict）、思嘉（Scholastica）或他們的追隨者，或是方濟各（Francis）、嘉勒（Clare）或他們羣體中的修士與修女。只要拋開你舊有且充滿焦慮的思維，在基督的心思意念裏，發現彼此的同在，就能體驗屬天的能量。

上帝的憐憫既然在羣體裏彰顯，羣體生活也有以下特質：團結合一、奴僕職事、順服。團結合一極難由個體成就，因為個體是難以投進人類同伴的苦痛與患難的。相反，奉基督之名建立的羣體，卻有無邊無際的空間，讓來自不同地方、擁有不同故事的素未謀面者，可以進入、經驗上帝滿有憐憫的同在。這是極大的奧祕：人切實感受到憐憫的存在，不僅因為某位好客者的善行，更出於某個羣體某種看不見、摸不著的氣氛。有些教區、祈禱小組、家聚、家庭、家居、修道院，它們擁有一種帶著醫治能力的氛圍，能夠令主人與賓客都覺得被諒解、被接納、被關懷、被眷愛。這些羣體中個別成員的良善，似乎是羣體醫治能力的彰顯，多於羣體醫治能力的緣由。

奴僕職事也是羣體的特質。個體的服侍力量總有限制，只可能幫助某些人某段時日，但要時刻服侍所有人，是不切實際的。但若以**我們**為單位，一切就不一樣。作為羣體，我們得以超越個體限制，具體實現基督的虛己。這種羣體的實現會在個別成員的日常服侍中特定呈現：有些成員服侍青少年甚有成效，有些是老人家，或醫院病人，或監犯。作為個體，沒有人可以有效服侍所有人；但作為羣體，我們的確可以滿足極大極多不同需要。再者，因著羣體持續不斷支持鼓勵，我們可以貫徹踐行服侍的承諾。

最後，我們必須明白，順服既是留心聆聽上帝的話語，也是一種羣體的召命。羣體能夠對世界的需要懷著警醒開放的心，乃是繫於恆常禱告默想。假若獨斷獨行，就很容易自以為是，以向來的事奉內容形式為最好，以至將服侍淪為個人喜好。但若我們定時聚集，聆聽上帝的道，留心祂的同在，就能不斷察驗祂的引領，願意離開安舒區，向未知領域進發。假若我們以順服為羣體特質，成員之間的關係就會更和緩。我們也會發現，作為羣體，我們願意一起辨明上帝的旨意，並以羣體的服侍，回應上帝在我們當中滿有憐憫的同在。

概言之，滿有憐憫的羣體生活有三個標記：團結合一、奴僕職事、順服，上帝在耶穌基督裏將它們向我們顯明。在羣體裏、藉著羣體，這三個特質可以漸漸化為每個成員生命真實、不可缺乏的一部分。

歸屬感

也許此刻的你心中泛起疑問：「怎樣才可建立羣體？要做甚麼才可促成羣體出現？」也許這些問題乃出於焦慮，因此並不如它們看上去那樣實際有用。所以，不如問一個更具啟發性的問題吧：「哪裏可以看見羣體出現？」當我們敏於尋找羣體，就能更容易找到羣體成長、發展的合適起點。在有植物生長的土壤裏撒種，比光站著想如何令土壤肥沃有意義得多。

熙篤會修士梅頓的生命，可以說明上述道理。梅頓是一九六〇年代最具影響力的社會批判者之一，他極少看報紙，更不看電視或聽收音機，不過他對世界需要的回應，極具憐憫心腸。他能夠聽取時代的呼聲，然後在獨處中辨明自己應該怎樣順服上帝、服侍眾人。必須注意的是，梅頓對苦難世界的認識，並非來自傳媒報導，而是來自朋友的書信；信中提及的事件，都是朋友親身關注的議題。回應朋友的關注，當然是可行的；換言之，假若關乎人間疾苦的資訊來自我們觸手可及的人，這資訊就有了人味（humanized）——書信讓人生諸事重獲人性。以梅頓為例，他收到的信來自世界各地，而且涵蓋不同族羣：五大洲的修道院，對人生前景惶惑的年輕人，諸如小說家鮑德溫（James Baldwin）、伊夫林沃（Evelyn Waugh），諸如學者馬里頓（Jacques Maritain）、勒克萊（Jean Leclercq），還有詩人與先知、宗教人士、非宗教人士、反宗教人士、樞機與主教、基督徒與佛教徒，以及許多不知名的貧苦大眾。在這些信件中，梅頓看到世界，並世界的苦與樂。他被納入一個真實的羣體裏，其中有活生生的人，有真實的面孔、眼淚、微笑。他偶爾會邀請朋友到他的修道院一起禱告，談到世間疾苦，彼此勉勵、打氣、加力。這些小型退修對於那些過著忙碌（同時危機四伏）的生活的人十分重要，他們獲得來自彼此強大的支持力量。今日不少以勇氣與堅忍聞名於世的人物，追本溯源，其啟發就是來自上述的羣體經驗。

梅頓的故事，不過是其中一個說明要過滿有憐憫的生活，羣體之重要性的例子。書信與退修，是經驗羣體生活的兩個方式，此外還有許多方式。重要的是，千萬不要將羣體想像成僅僅共住一棟房子、同食宿、同祈禱、執行同一計劃。這都可以是羣體的真實呈現，但羣體是一種更深層的實在（reality）。同住的不一定活在羣體中，獨居的也不一定不能活在羣體中。肉身上的親近或遠離是次要的，首要的羣體特質是一種深刻的蒙上帝招聚的「確據」（sense of being）。昔日方濟沙勿略（Francis Xavier）孤身橫渡重洋傳揚福音，得力於一種確信，就是他歸屬一個羣體，這羣體以深厚關懷及不息禱告支持他的服侍。今日許多基督徒在艱難孤苦的崗位上顯出極大堅忍，亦得力於他們與羣體的深交，深信自己是奉羣體之名去服侍。

在此我們觸及一個今日基督徒生命的重大議題：很多極委身的基督徒愈發自覺乏力與沮喪，主因不是工作辛苦或成效縹緲，而是經常感到孤立、無援、孑然一身。「我懷疑有沒有人在乎我做的事。我懷疑我的上司、我在家鄉的朋友、那些差派我來這裏的人，究竟有沒有想念我，為我禱告？他們生命中有沒有我的存在？」問這些問題的人，確然落入真實的屬靈危機。

人可以做很多艱難的事，承受很多衝突，克服很多障礙，在很大的壓力之下恆久忍耐，但當我們不再覺得自己屬於一個有關懷、有支援、有禱告的羣體，信心就會急速流失，因為我們對上帝滿有憐憫的同在的信心，緊緊繫於能否從所屬羣體經驗到上帝的同在。今日許多充滿愛心的基督徒生命出現危機，乃源於心底裏欠缺歸屬感。假若沒有來自滿有關懷的羣體的確據，滿有憐憫的生命就難以持久，繼而淪為麻木與憤怒的生命。這不僅是心理學觀察，更是神學道理，因為論到與基督深交，若欠缺與滿有關懷的羣體深交，根本是不可能的。

以下兩章我們要仔細檢視羣體生活的動向（dynamics）。我們會從成熟的羣體生活——上帝的憐憫在其中彰顯——的「兩極」說起：其一是遷離（displacement），其二是匯聚（togetherness）。

5
遷離

從平常安適之地撤離

羣體一詞通常表達一種彼此支持、互相栽培的共處、共事方式。當有人說：「我察覺不到這裏有羣體的感覺，應該做點甚麼去建立更好的羣體啊。」說出這話的人，可能已經落入疏離、孤單的苦況中，或感受不到支持與同工。對羣體的渴求，很多時是對團結、接納、歸屬的渴求。難怪不少鞭撻社會現況的人，會將**羣體**一詞與多愁善感、浪漫以至憂鬱相提並論。

想以憐憫為背景去反思羣體，就要跳出上述即興式聯想的條條框框。假若將羣體理解為溫馨、柔和、熟稔、安舒、溫室，就決不可能彰顯上帝順服的奴僕職事。如果建立羣體的主要目標，僅為醫治個人的創傷，這羣體就難以與別的傷者站在同一陣線。

基督徒羣體的弔詭之處，在於成員的匯聚，乃出於「自願遷離」。基督徒羣體得以結集成形，乃是遷離者的匯聚。論到遷離的英文 displacement，按照韋氏（Webster's）字典的解釋，是「從平常或安適之地撤離或移離」。這是極具洞見的字義解釋，尤其當我們察覺人終日所思所想，總是務求順應環境的主流規範與價值。我們都想做平常而安適的人，過平常而安適的生活；我們受壓要做平常而安適的事——要超越羣倫的念頭，其實不也是平常而安適的念頭嗎？——好謀求被廣泛接納的滿足感！這不難理解，因為平常而安適的行為，是為造就平常而安適的人生，它帶來一個令人心安的幻覺：萬事都在自己的掌控之中，繼而所有「不平常、不安適」的事，我們都可以將之拒諸自我創造的堡壘之外。

主耶穌呼召我們進入羣體，這呼召要我們從平常而安適之地撤離：撇下你的父親母親；讓死人埋葬死人；手扶著犁的不要向後看；變賣一切所有的，分給窮人，還要跟從主（路十四 26，九 60、62，十八

22）。福音書不斷挑戰我們，呼喚我們離開安舒之地、欲留之地、安穩之地。

「自願遷離」為何如此重要？因為在「自願遷離」中，我們丟棄了「合情合理」的幻覺，開始體悟人生的真正狀況：人人都是天路客，都是需要恩典的罪人。藉著「自願遷離」，我們抑制一個傾向，就是安頓在一種虛假的安舒中，忘卻自己與世人其實共處一個極不安穩的境地。「自願遷離」帶來一種存在的覺醒（existential recognition）：看見自己內裏的破碎，因此認同他人的破碎，然後能夠與他人站在同一陣線。羣體既為憐憫的所在之處，就何時都需要遷離的元素。教會的希臘文 *ekklesia*，由 *ek*（出去）及 *kaleo*（呼召）組成，顯示基督徒羣體是這樣一羣子民：我們一起蒙召離開熟悉的地方，去到未知領域；離開平常而安適之地，去到世人受傷之地，與他們一起經歷彼此共有的破碎，一起渴求彼此共有的醫治需要。

在「自願遷離」中，羣體得以形成、深化、鞏固。在「自願遷離」中，我們發現彼此同屬一個大家庭，可以分享喜樂，分擔愁苦。相反，當我們試圖重返平常而安適之地，渴望安頓與安穩，就會在自己與他人之間築起圍牆，削弱羣體，將憐憫消滅為弱肉強食世界的溫情。

跟從那位遷離的主

「自願遷離」是生活方式，不是個別事件——這是作門徒的標記。當我們要將耶穌的憐憫顯明在具體的時空裏，我們首先要了解到耶穌是遷離的主。保羅描述耶穌自願成為遷離者：「他本有上帝的形像，不以自己與上帝同等為強奪的；反倒虛己，取了奴僕的形像，成為人的樣式」（腓二6～7）。再沒有比這更大的遷離了。道成肉身的奧祕，在於上帝不留在一個我們覺得對上帝「安適」的地方，卻去到受苦者的境況中。上帝**捨棄**天上的境地，去到人間的卑微境地。上帝成為遷離者，以至對人間一切不再陌生，能夠全然經歷我們的破碎。

從耶穌一生，可見這屬天的遷離如何彰顯於人類歷史中。耶穌還是嬰孩，就被帶到埃及，為要逃避希律王迫害。耶穌還是童子，就離開生身的父母，留在聖殿，與律法教師討論信仰。耶穌成人了，走進曠野禁食四十天，接受魔鬼試探。其後的傳道日子，耶穌不斷摒棄權力、成就、名聲，為要忠於上帝的召命。當羣眾因為耶穌的醫治能力而興奮不已，耶穌卻指出他們的罪，毫不介懷會激怒他們；當羣眾折服於耶穌的五餅二魚神蹟，希望立祂為王，祂卻馬上離開他們，並訓示他們要為永生的食物努力；當門徒求耶穌賜予他們天國特殊位分，祂卻問他們能否喝苦杯；當門徒想要即時的凱旋，耶穌講的是受苦與受死。最後，耶穌的這些遷離，使祂走上十字架，在十字架上，耶穌眾叛親離，甚至覺得被上帝離棄，成了終極的遷離者。於是，耶穌那始於伯利恆出生的遷離，於祂在耶路撒冷城牆外被釘死在十字架上時，全然彰顯。保羅對這奧祕有這樣的說法：「既有人的樣子，就自己卑微，存心順服，以至於死，且死在十字架上」（腓二8）。

耶穌基督是遷離的主，在耶穌身上，上帝的憐憫變得有血有肉。在耶穌身上，我們看見全然遷離的生命。基督徒羣體得以形成，在於基督徒願意跟從那位遷離的主的腳蹤。

不再成為眾人焦點

讓我們深究「遷離」怎樣成為通往「憐憫羣體」之途。乍看遷離，它似乎破壞多於建設。許多經歷了嚴苛、殘酷的遷離的人，都說遷離擾亂家庭生活，剝奪安全感，製造極多怒氣與怨氣，在他們生命中留下不能痊癒的傷口。因此，遷離者不一定會成為滿有憐憫的人，反而很多變成多疑多憂、抱怨不休的人。今日世界的遷離者數以百萬計，我們必須審慎，切莫輕率將遷離美化，或以遷離為活出憐憫生命的靈丹妙藥。

但我們亦須指出，耶穌呼召我們自願遷離，委實是應時的呼聲，尤其是在一個充斥暴力與遷離的世界裏。耶穌的呼召顯然不為帶來紛擾，而為呼召我們與世上無數生活飽受紛擾的人，站在同一陣線。

自願遷離的弔詭之處，在於它看似要我們與世界隔離——與父親、母親、兄弟、姊妹、親屬、朋友分開——但實際上，我們與世界聯合更深。自願遷離帶來滿有憐憫的生命，因為它將人從「顯赫地位」帶到「同等地位」，從「特殊位置」帶到「無所不在」。梅頓有一段話很能闡明這動向。他成為熙篤會隱修士二十年後，在暢銷自傳《七重山》（*The Seven Storey Mountain*）日譯本加了一篇〈序言〉，寫道：「我所屬的隱修院……是我從世界的鎂光燈下退隱、不再成為眾人焦點的地方，藉著隱藏與憐憫，我可以變成無所不在。」[11] 從世界的鎂光燈下退隱，不再成為眾人焦點，藉著隱藏與憐憫，變成無所不在——這是基督徒生命的基本動向。這動向帶來羣體，也帶來憐憫。它讓我們與他人一同看見前所未能看見的事，感受前所未能感受的事，聽到前所未能聽到的事。

人的遷離因著各自獨特的生活環境，以及對上帝呼召的具體理解而各異。對梅頓來說，自願遷離是離開教師的崗位，成為熙篤會隱修士；對馬丁．路德（Martin Luther）來說，是離開修道院，公開鞭撻教廷的惡行；對潘霍華（Dietrich Bonhoeffer）來說，是從美國返回德國，成為納粹政權的階下囚；對西蒙娜．韋伊（Simone Weil）來說，是離開中產生活，到工廠做工人；對馬丁．路德．金（Martin Luther King, Jr.）來說，是離開黑人「平常而安適」之處，走到街頭，領導遊行示威。不過對很多人來說，遷離甚至不是外在可見的動向，而是一種對他們確實經歷的遷離所持的全新態度，以及對自己毫不起眼之生命的忠誠忍耐。這些男男女女，不論有名無名，都沒有放棄世界的意思。他們不想逃避責任，也不想對當代重重苦難與危機視而不見。他們不想躲進形式上的敬虔，或自我中心的內省裏。他們惟一的目標，是不再成為眾人焦點——逃離角逐與爭競、被賣與出賣、利用與誤用、被衡量被比較、被評檢被判定——藉著隱藏與憐憫，成為人類大家庭的真正成員。相反，假若人生首要關注是成為眾人焦點，期求萬千寵愛在一身，就不可能生出憐憫之心。所以步向憐憫的起點，往往就是與世界疏遠，因為世界就是要將我們變成眾人焦點。

值得注意的是，「自願遷離」在基督教歷史中扮演著重要角色。本篤去了蘇比亞可（Subiaco），方濟各去了卡薛里（Carceri），伊納爵（Ignatius）去了曼雷薩（Manresa），富高（Charles de Foucauld）去了撒哈拉（Sahara），約翰．衛斯理（John Wesley）去了英國的窮鄉僻壤，德蘭修女（Mother Teresa）去了加爾各答，桃莉思黛（Dorothy Day）去了包厘（Bowery）。這些人帶領追隨者離開「平常而安適之地」，到那可以體悟憐憫、施行憐憫的地方，與眾目所見的傷心落魄羣眾站在同一陣線。我們可以說，「自願遷離」是所有重大宗教改革的起步點。

亞西西的聖方濟各

論到遷離，亞西西的聖方濟各（St. Francis of Assisi）是最能啟迪人、挑戰人的典範。時維一二〇九年，這個富商之子撕下全身衣服，拋下親人好友，矢志過赤貧生活，終身不渝。他赤身離開原本賦予他權力與安穩的堅城，改以洞穴及曠野為家。他的舉動讓人記起人的本相：一貧如洗。他不但顯出自己赤身露體，也顯出所有人在上帝面前赤身露體的狀況。遷離至此境地，方濟各得以活出滿有憐憫的生命；他不再被人與人之間的表面差異所蒙蔽，看出人人都是弟兄姊妹，像自己一樣需要上帝的恩惠。柴斯特頓（G. K. Chesterton）這樣描述他：

> 方濟各極不平凡的個人能力來自：從教宗至乞丐，從亭台裏的敍利亞蘇丹王，至綠林中的鼠竊狗偷，所有望過那雙炯炯有神棕色眼珠的

> 人，無不深信方濟各是真心對他感興趣——他從搖籃到墳墓的一生，他的內心世界；他備受重視，獲得真心善待，而不僅是社會政策的受益人，或文書檔案中的名字……方濟各對任何人，都給予帝王所配得的尊重。[12]

有一小羣弟兄跟從方濟各，效法他過貧窮生活，活出滿有憐憫的生命。這些人沒有可分享的物質——除了彼此的貧窮。他們全然仰賴上帝的恩惠度日，建立了一個弱者的真正團契，既在憐憫中共處，亦在天路上隨時施行憐憫。他們一起活在貧窮中，因此他們的憐憫無可限量。按照柴斯特頓的說法，方濟各委身貧窮的理據是：「委身貧窮者，可以去任何地方，與任何人交往，甚至是最差勁的人——因為他不依附任何人。他若抱持平常人的需要或人脈，就會變回平常人。」[13]

聖方濟各為我們展示了「遷離可以帶來羣體與憐憫」的典範。他和跟隨者從自己的平常而安適之地撤離，展示了人類族羣的合一精神——不僅透過他們的共處方式，更透過他們在羣體生活中為他人創造空間的方式。

不過，方濟會的歷史也告訴我們，成就與財富仍有能力引誘人返回平常而安適之地，以致丟失羣體與憐憫。不但方濟會會犯這錯誤，其他許多宗教組織也會犯這錯誤。難怪基督教歷史滿載改革家不斷遷離的事迹，這提醒我們那重大的召命：活出滿有憐憫的生命。

假若我們真想成為滿有憐憫的人——時候到了，已經迫在眉睫了——就要重拾這重大的遺產：遷離。假若我們的居所、教區、修道院繼續是平常而安適之地，就只能引發平常而安適的回應，不會帶來改變。假若宗教人士繼續錦衣美食、生計無憂，「與窮人站在同一陣線」只會仍舊是堂皇的宗教空話，只能激起良好的感覺，而不是創新的行動。假若我們繼續做別人也在做，並且做得比我們更好更有效率的工作，就難以被視為地上的鹽、世上的光。簡言之，假若我們繼續逃避遷離的召命，就會錯失耶穌呼召我們去過的滿有憐憫的生命。

像聖方濟各那樣忠心跟從耶穌的人，向我們展示了一個道理：從世界的鎂光燈下退隱，不再成為眾人焦點，藉著隱藏與憐憫，可以變成無所不在。其實，活在世界的鎂光燈下，作眾人焦點，反倒使我們與世界隔離。過著隱藏與憐憫的生活，我們才可與世界聯合，因為它使我們從內心深處去探索世界。相當明顯的現實是，那些汲汲於世的人，對世界最沉重的掙扎與苦痛，往往搔不著癢處；反而那些活在羣體且踐行獨處的人，對身處時代的重大事件，有真知灼見，對事件的相關人士，也存有敏銳的觸覺。

由此可見，遷離可令我們**在世**而不**屬世**。因此，耶穌離世前禱告說：「父啊……我不求你叫他們離開世界，只求你保守他們脫離那惡者……你怎樣差我到世上，我也照樣差他們到世上」(約十七 15、18)。

須辨明之物

我們切莫誤以為「自願遷離」等同「戲劇化行動」。我們可能以為要做滿有憐憫的人，就必須高調地與親人、朋友、家庭、工作道別。這樣的理解，其實比較接近美國拓荒者的精神，多於基督徒的心志。我們最需要弄清楚的是：惟有當基督徒回應上帝的呼召，亦即順服上帝，「自願遷離」才是門徒生命的體現。

生命中有著引人注目的遷離經歷的基督徒，都認為自己的動向並非自發計劃——事前定下清晰抱負與目標——而不過是對上帝邀請的回應，並且上帝這邀請是他花了好些日子去聆聽理解的。聖方濟各的戲劇化舉措——突然脫去全身衣服歸還父親——只能被視為他作門徒的行為，因為這是他多年天人交戰、盡心尋求上帝旨意所結的果子。其實方濟各漸漸歷經許多夢與異象，還有多年禱告求教，才察覺到上帝呼召他去過赤貧生活。德蘭修女也一樣，她離鄉別井，到加爾各答服侍垂死者，不是因為她覺得這是好主意或必行的任務，而是因為她聽到上帝的呼召，而這呼召亦從她尋求意見與指引的人那裏得到確認。相反，那些以「自願遷離」為建立新羣體、為追求憐憫的方法或技巧的人，很快就被繽紛雜亂的動機纏繞，落入許多衝突與惶惑之中。

上述之言乃重要考量，尤其今日這世代有這麼多不同形式、自我建構的「聖潔」在自吹自擂，就連成聖的渴求，也成了虛假以至自毀的克己行為——只為滿足自我需要，而非回應上帝的呼召。因此，我們不應將聖人或「卓越」的基督徒之行為，視為必須模仿的具體行止。他們不過是活生生的見證，提醒我們，上帝以獨特的方式呼召各人，而各人也應該在自己獨有的生命中，留心上帝的聲音。

這與「自願遷離」有何關係？假若「自願遷離」在耶穌基督及其門徒生命中是如此核心的主題，我們豈不應該盡快開始遷離？答案是「未必」。我們反而要盡快開始檢視自己的生命，看看遷離在哪些地方已經發生。也就是說，我們可能夢寐以求轟轟烈烈的遷離，卻對生活中已經出現的遷離視若無睹，而那正是最早顯出上帝同在的徵兆。

我們不用細究，也能發現自己生命中的遷離。大多數人都有外在的遷離經歷：從一個國家到另一個國家，從西岸到東岸，從北方到南方，從小鎮到大城，從關係緊密的小型中學到關係疏離的巨型大學，從輕鬆自在的工作環境到競爭激烈的崗位……簡言之，從熟悉的環境到陌生的環境。除了外在的遷離，人生或許還有深刻內在的遷離。隨著年月過去，熟悉的圖像與想法漸漸事過境遷，多年來幫助我們理解世界的一些思想方式，突然備受批判，被稱為過時或守舊。曾經在我們的成長、發展階段扮演關鍵角色的一些禮儀與習俗，忽然被兒女或鄰舍嗤之以鼻。曾經帶來珍貴時光的一些家族傳統及教會節慶驟然遭遺棄，甚至被譏為濫情、神怪、迷信。與外在的遷離相比，這些內在的、關乎精神與情感的遷離，帶給我們更大威脅，令我們覺得迷失或被遺棄。

在我們所處的現代社會，社會流動性愈來愈高，亦漸趨多元化。面對遷離，我們無可選擇，甚至是受害者，因為要保有歸屬感非常艱難，反而抱怨與苦毒變得愈來愈容易。因此我們首要——通常也是最艱難——的任務，是令所有真實的遷離經歷，變成聆聽上帝呼召的機會。許多時自創遷離經歷是容易的，因為可以自己控制；相比之下，樂意接受完全不受自己控制的遷離經歷，則困難得多。最要緊的問題是：「在這具體情況中，我們怎樣才可以明白並經歷上帝的看顧？」這問題很難回答，因為必須小心考究眼下的體驗，以及大多數痛苦的事件。「我在何時被吩咐離開父母？何時被召讓死人埋葬他們的死人？何時被挑戰緊扶著犁，別向後看？」上帝不停在我們生命中動工，總在呼召、吩咐我們背起自己的十字架跟從祂——只是我們看得見、感覺得到、認得出上帝的呼召嗎？還是上帝的呼召已發出，我們卻還在不斷等待幻想出來的「上帝呼召」的時刻？遷離不是一件我們要做或要達成的事，而是要識別（recognize）的事。

轉化在識別中，也藉著識別生發，就是從「不自願遷離」轉化為「自願遷離」——前者帶來苦毒、怨懟、放棄、冷漠，後者則為作門徒的標記。我們毋須主動追求十字架，卻必須背起我們人生中的十字架。跟從耶穌，首要的是在日常生活中，發現上帝給我們各人的獨特召命。

正是藉著對遷離的識別，並聆聽上帝起初的耳語，我們開始建立羣體，並活出滿有憐憫的生命。當我們開始體驗到外在的、精神的、情感的遷離是一種作門徒的操練，並以順服的心去領受，就能漸漸放下防衛機制，也不用銳意隱藏自己的苦痛與沮喪。然後，原本令人羞愧及尷尬的事，可以化為建立羣體的根基；原本讓人分隔的事，可以化為生發憐憫的緣由。

沒有平凡的子民

我們的主要任務，是在人生的遷離中，辨明上帝的呼召，但這不等於消極接受悲慘、愁煩、不公的困境。恰恰相反，我們必須審時度勢，辨別建設與破壞的力量，衡量上帝在哪裏呼召我們。留心上帝在我們生命中的作為，會令我們更敏銳於上帝的呼召。我們愈能夠辨明日常生活中上帝的聲音，也就愈能夠聽到上帝那些更戲劇化的遷離呼召。有些人蒙召離開城市，住在洞穴之中；有些人蒙召變賣一切所有，分給窮人，在貧窮中跟從基督；有些人蒙召離開熟悉的環境，與病者與垂死者同住；有些人蒙召加入非暴力抗爭羣體，大力抗議社會罪惡，分擔監犯的苦況、痲瘋病者的孤單、受壓者的悲哀；有些人甚至蒙召受虐待以至於死。話說回頭，人除非能夠辨別隱藏在平凡時刻的較小呼召，不然難以聽到這些極蒙福的呼召。我們相信並非人人都有諸如聖方濟各、德蘭修女、馬丁．路德．金、查維斯（Cesar Chavez）、桃莉絲黛、范尼雲（Jean Vanier）、羅梅洛總主教（Archbishop Romero）、卡麥拉總主教（Dom Hélder Pessoa Câmara）這些人的呼召，但人人都要確信，上帝在各人的人生中有獨一無二的作為。沒有人可以將自己看為上帝治下一個「平凡的子民」而已。只要開始認真面對自己、面對上帝，讓祂與我們展開對話，就會發現上帝也吩咐我們離開父親、母親、兄弟、姊妹去跟從耶穌，順服耶穌。很多時候我們被吩咐去我們不願意去的地方，但當我們學會在日常生活中回應上帝的呼召，作出較小的遷離，其後更大的呼召臨到時，就不會顯得那麼艱巨了；我們會有足夠勇氣跟從祂，甚至驚訝於自己作抉擇的自由。

所以說「自願遷離」是每個基督徒人生的一部分，它讓人離開平常而安適之地，不論別人有沒有留意到；它又讓同路人識別彼此的身分，因此建立羣體；最後，它帶來憐憫，藉著引領我們靠近自己的破碎，打開我們的心眼，得以看見同伴——他們正等候我們的激勵與安慰。

6
匯聚

走在地面上的神蹟

基督徒羣體在遷離中聚集，由此發現並宣告一種匯聚的新方式。人們匯聚可以有許多動機，譬如抵禦共有的危險，或捍衛共有的價值和喜惡。亦有人匯聚是出於仇恨或恐懼：耶穌基督復活後，門徒聚集在密室，「因怕猶太人」(譯註：猶太權貴；約二十 19)；「官府、長老，和文士在耶路撒冷聚會」(徒四 5)，因為他們對彼得及其跟隨者厭惡不已。

基督徒羣體的匯聚，並非出於共同的忿怒或焦慮，而是出於深切地意識到，我們被召匯聚，在每日的具體生活中，展示上帝的憐憫。在使徒行傳，我們一瞥這新的匯聚：「信的人**都在一處**，凡物公用……主將得救的人天天加給**他們**〔字面的意思：他們的匯聚〕」（徒二 44 ～ 47）。基督徒羣體並非被驅逐在一起，而是被招聚一起。背景迥異的人，因著離開「平常而安適之地」，回應跟從基督的呼召，從而發現彼此是天路上的旅伴，由於同作基督的門徒而匯聚。

須注意的是，「自願遷離」本身不是目標，只有當它以新方式招聚門徒時才具有意義。正如福音所示，「自願遷離」使我們了解到，我們都是帶著類似需要與掙扎的人，也讓我們意識到彼此的共同軟弱。因此，不能令門徒更親密聚集的，根本不是真的遷離。如果我們遷離，只是為了變得特殊、獨一無二、出類拔萃，我們只不過是在間接展示爭競之心罷了。這不會帶來羣體，只會帶來精英主義。進入修道院或離開家鄉的人，惟有發現自己與人類大家庭的成員接近了，才可確保自己沒有背離福音精神。

可是今日仍有許多人將神父、修女、修士、隱士看為靈性精英分子——他們活在另一世界，有神祕的操練生活，與上帝有特別的聯繫。這看法之危險，在於將上帝的子民劃分為「平常的」基督徒與「特殊的」

基督徒，亦因此帶來的不是匯聚，而是分隔。然而，真正的遷離必然會生發全新的、從心底而生的合一意識。任何形式的遷離、任何形式的「離鄉背井」，要判斷它的成敗，取決於羣體成員站在同一陣線的程度。

多年前，美國康州紐哈芬市（New Haven）有一個馬戲表演，在各樣馴獸及雜耍節目後，著名的走鋼索藝人珀提（Philipe Petit）進場。這位敏捷的法國藝人，其表演與其他藝人的表演所要求的關注截然不同。他的表演起初似乎無甚可觀，不過是在兩個不算太高的塔樓之間的一條鋼索上遊走。他的表演與其說是身體平衡，不如說是鋼索上的舞蹈：輕鬆跳躍，如履平地，全場觀眾看得心花怒放。但好戲還在後頭，珀提的真本事在最後環節才表露無遺——他示意要從塔樓平台連接地面的鋼索上走下去。這實在太難了，觀眾全神貫注、屏息靜氣在看，人人精神繃緊，驚呼：「這怎麼可能啊？他怎會做得到啊？」

緊張的氣氛在漫延。珀提慢慢走向地面，眾人聚精會神，目光都集中在他極力伸展的雙臂上。他的動作優美絕倫，甚至已經走到地面幾秒鐘了，觀眾還不察覺他已抵達地面，直到珀提突然滿面狐疑地往下望，再愉快地望向塔頂，滿場緊張氣氛一下子消散，然後掌聲雷動，大家讚歎不已。這實在是真正的藝術表演，因為珀提在走到地面的奇妙一刻，能夠令觀眾讚歎一個其實人人都做得到的動作：在地面上行走！這位走鋼索藝人的厲害之處，不僅在於能讓觀眾讚歎一些除他以外無人做得到的動作，更在於能讓觀眾讚歎一個人人都做得到的動作！可以說，珀提獲得掌聲，不僅因為他在鋼索上的平衡與舞蹈值得人們擊節讚賞，也出於人們心底的感激之情，因為眾人重新發現了一個奇迹：我們可以一起安穩地走在地面上。

這故事說明遷離怎樣造出新的匯聚。珀提必須走在鋼索上，才可以讓人看見一個事實：能夠走在地面上，是何等特別的事。珀提之「與眾不同」的最大作用，乃是顯出一種深層的「與眾相同」（sameness）。假若我們只懂得抱怨能力不及珀提，或因為珀提的本領而自信心大減，我們就真是誤解珀提的表演所帶來的啟迪了。但假若我們能夠認識到，藉著珀提的表演，人人都成了人類大家庭的一員，那麼他這遷離就有價值。基督徒的遷離——進到修道院、異鄉、極窮乏之地，非為變得特殊或獲得讚賞，而為顯示「使人分隔的事」，其實遠不及「使人連結的事」重要。遷離是通往「滿有憐憫的匯聚」的奧祕之路。

看見各人的獨有恩賜

這全新的、不尚競爭的匯聚，足以打開人的心眼，讓人看見彼此的存在。就在這裏，我們觸及基督徒羣體的美好。若我們捨棄「必須出類拔萃或與眾不同」的渴求，拋開「必須在世間佔據特殊席位」的需要，當我們最大的關注是「與眾相同，站在同一陣線」，就能發現各人的獨有恩賜。我們在「共有的脆弱」中匯聚，發現必須互相補足。基督徒羣體是那些追求「高度劃一」的組織的反面。那些組織的成員，其行為被化約為某種共同方式，因此原創性是被扼殺的。相反，因著同作門徒而匯聚的基督徒羣體，當中每個成員的恩賜都獲重視，並用來服侍眾人。這是匯聚的精義所在：各人的獨有才幹不再是彼此爭競的緣由，而是建立羣體的元素；不再是分化的因素，而是帶來合一的恩賜。

當我們發現自我意識（sense of self）並不取決於

我們與別人的差異，自尊是建基於愛——這愛遠勝那因表現卓越而得的讚賞——我們就會看到，各人的獨有才幹，可以成為眾人的恩賜。然後我們會發現：與眾人分享自己的恩賜，不會減損自我的價值，反而令之有所增添。在羣體中，各成員的才幹，就像組成大型馬賽克鑲嵌畫的小石，一顆顆金的、藍的、紅的小石，是大型馬賽克鑲嵌畫的一部分，這並沒有減少其本身的價值；恰恰相反，其價值增加了許多，因為它促成了一幅比它本身更大更美的圖像。所以我們面對每個羣體成員的感受，委實可以從嫉妒轉化為感恩。年月過去，我們會益加發現彼此的美善，加以引發，令它變成羣體生活中的一部分。

不論是一致性還是獨特性，都可在羣體中得到確認。世人認為人的價值取決於人的特立獨行，當我們能夠戳破這神話，就能夠匯聚一起；而我們的匯聚，乃是出於人性裏共有的破損，以及對醫治的需要。然後我們可以領悟到：結伴同行的路上，蘊藏了各人可以彼此分享的恩賜。羣體作為匯聚的新方式，讓人發現或重新發現各人潛藏的恩賜，使我們看到自己對羣體生活的獨有貢獻。

有一個古老的伊斯蘭教蘇非派(Sufi)故事，很能說明上述道理。從前有個人離開家鄉，去到一個名為愚人國的地方，發現一羣人正在落荒而逃。這些人是農人，剛在田裏收割麥子。「田裏有妖怪！」他們顫聲高呼。那個人走進田裏一看，原來是西瓜罷了，他就自告奮勇前去「殺妖」。他割下一個西瓜，破開，切下一片，在眾人面前放在嘴裏吃了。可是農人的恐懼比前更甚：這人比妖怪更可怕！他們用大杈子驅趕那人，喊著說：「這個人會殺死我們！我們要趕走他！」不久以後，另一個人也從外地來到愚人國，他也被告知有「妖怪」，但這人沒有說要幫農人「除妖」，而是附和他們的意見：這妖怪的確不簡單！他就和他們一起躡手躡腳離開，因此贏得農人信任。其後這人住在農人中間，慢慢教授他們科學知識，直到農人不再害怕西瓜，甚至種植西瓜為食。[14]

這個關乎「同一陣線的順服服侍」的精采故事，充分闡釋了「滿有憐憫的匯聚」的真義：滿有憐憫的匯聚，不會抑壓各人的獨有恩賜，反倒會引發各人的獨有恩賜。我們常常以為服侍就是向人施予，或者教人怎樣說話、做事、守己；上述故事告訴我們：真正的、謙卑的服侍，乃是幫助鄰舍發現他們自己擁有美好卻總是潛藏著的恩賜，可以造福服侍者，比服侍者為他們所做的更多。

為他人虛己

藉著發掘他人的獨有恩賜，我們得以虛己。虛己不等於自我否定或自我批判，而是關注他人，令人能夠發現他們自己的價值。

關注弟兄姊妹，一點也不容易。人總是對自我的價值缺乏自信，不斷要人確認，因此也在不停向人索取關注，譬如談話之間，總會不經意又把話題轉到自己身上，講論自己的經驗或往事，引導討論的話題到自己身上。那熟悉的開場白——「啊呀，這樣說來，我又想到……」就是要將關注轉到自己身上的慣技！關注他人，以他人為重心，將他人的益處視為自己的益處，才是實實在在的「虛己」。因為要接納人進入自己心底的空間，必須先騰出空間來！聆聽是困難的，因為要逼自己離開「關注中心」(center of attention)位置，轉而邀請別人進駐那空間。

我們憑經驗可知這樣的邀請有何等大的療效。若有人全心全意聆聽我們的心聲，對我們的掙扎和苦痛表示懇摯的關懷，我們的心靈必然深受觸動。恐懼會慢慢消散，緊張會紓緩，焦慮會減退。於是，我們發現心中有了可以信任的事，我們也可以把這份信任與人分享。簡單的被珍惜、被重視的經驗，卻有極大的再生力量（recreative power）。

當我們獲得這經驗，就領受了極寶貴的知識，那是「各人看別人比自己強」（腓二3）這片語的精義。這不是教人故作謙虛或否定自我價值，而是呼召我們進入基督的醫治事工。我們能夠關注人，就能夠虛己；能夠虛己，就能夠騰出更多醫治空間；能夠看見更多人得醫治，就更能夠明白醫治並不出於自己，乃是出於在我們裏面的基督。

在匯聚中，我們引發原本已藏在各人身上的恩賜，並以感恩的心領受這些恩賜，視之為羣體生活的寶貴資產。

關於「滿有憐憫的匯聚」，其中一個最動人的例子，來自羅馬城中一個殘疾人士羣體。這羣體由法蘭各神父（Don Franco）創立，成員是殘疾人士及其子女。

他們好些家庭住在一起，分享原本藏在每個成員身上的恩賜。他們匯聚的美善是那麼明顯，那麼令人心悅誠服，以至許多「健全者」加入他們這羣癱瘓、智障、失明、痙攣、傷殘、耳聾的人，因此一起發現了最大的恩賜：羣體。在這個羣體裏，很少自利的訴求、自卑感、嚴重抑鬱。相反，成員能夠發掘各人的特有恩賜，齊享共同生活的豐盛。

這種新的匯聚，乃是憐憫所在之處。當人們以基督的心為心，不再以自己的益處為先，滿有憐憫的基督就顯明在他們中間，上帝醫治的同在也賜給所有人。

因召命而聚集

當我們不再以個人差異為競爭基礎，而是看到這些差異有可能促成豐盛的羣體生活，就會開始聽到建立羣體的呼召。在基督裏、藉著基督，不同年紀、生活方式、種族、社會階級、教育程度以及說不同語言的人，都能連結一起，見證上帝憐憫的同在。世上有許多有著共同利益的組織，它們大多是為捍衛或保護某些事物而存在，這些組織在社會上有重要角色與任務。基督徒羣體的本質卻不是這樣，我們匯聚一起，並非出於相近的經驗、知識、難題、膚色、性別，而是出於同一位上帝的呼召：祂呼召我們匯聚。惟有上帝可以幫助我們跨越分隔彼此的界限；惟有祂幫助我們看彼此為同一個大家庭的成員，釋放我們，使我們互相關心。因此，在羣體中匯聚的，是滿有憐憫之上帝的見證人。他們能夠分擔彼此的重擔，分享彼此的喜樂，就顯明上帝確然在世上與我們同在。

羣體生活，是對召命的回應。**召命**的英文 vocation 來自拉丁文 *vocare*，意思是「呼召」。上帝呼召我們披上基督的形象，匯聚成一個族羣。我們聚集，是出於基督的召命。在此我們要小心分別召命與職業：在一個極強調成功的世界，我們對職業的關注，往往使我們對召命聽而不聞。假若我們也被誘至相信職業就是一切，自然難以聽見那呼召我們匯聚的聲音。我們變得只在意自己的計劃、方案、升遷，若有人攔阻我們達成目標，我們就推開他們。但其實職業與召命並非互相排斥，召命甚至可能要求我們有一定的職業基礎。譬如說，不少人在羣體中聽到並回應上帝的召命，然後成了卓越的醫生、律師、技術員、科學家；

許多時候，召命也確然可見於特定的工作、任務、差事中。不過召命切不可被簡化為職業，當我們以為職業**等於**召命，就會出現走回頭路的危機——返回「平常而安適之地」，受制於世間的爭競，把我們的才幹用來與人區隔，而不是用在羣體生活中與人聯合。與召命斷然分割的職業，必然帶來分化；服膺於召命的職業，才是將獨有恩賜貢獻羣體的具體方式。所以說，主導人生的應該是召命，而不是職業。

以下一個美國家庭的故事，可以闡明召命與職業的差異。約翰、瑪利和兒女住在首都華盛頓市郊，過著極之平常而安適的生活。約翰是個優秀的研究員，專研社區發展。他舉辦工作坊，在大學授課，發表研究報告，就像其他卓越的研究員一樣。瑪利在陶藝與編織方面頗具天分。他們的兒女開朗友善，與鄰舍很合得來。這一家人很得眾人尊敬，是公認的善心人、好公民、敬虔的基督徒。然而在一切風光背後，他們的人生似乎欠缺了某種難以言喻的東西……某天黃昏，約翰完成一個關於社區的課堂回到家中，突然覺得自己的家庭其實與別人的家庭一樣疏離！他愈反思愈驚覺自己天天講論，並賴以為生的理想，根本連自己也不曾認真踐行。他覺得自己是個虛偽的傳道者——狂傲地闡述謙卑，憤怒地宣告和平，憂愁地傳揚喜樂！

職業的成功與人生的不成功，形成愈來愈大的對比。約翰終於按捺不住，定意和妻子踏出勇敢的一步：一家人試行退修一年，以極少開支維持基本生活，生活沒有萬全的保障，遠避「成功」。他們離開平常而安適之地，卻重新發現人生：大自然變得前所未見地美麗，家人間有著前所未有的聆聽與溝通，他們的禱告也是前所未曾經歷的。他們不禁驚歎，這些前所未有、如今得嘗的經驗，其實都是唾手可得的，名副其實地遠在天邊，近在眼前，為甚麼他們沒能早一點發現呢？他們在新處境中，更能聽清楚呼召：逃離世界的鼓動，親近家人鄰舍，不斷追尋人生奧祕的深義。他們終於尋獲召命——其實召命從來都在身邊，只是他們自己充耳不聞，因為那要求他們有成功職業的聲音太震耳了。

他們這「歸信」其中一個最重大又最始料不及的結果，就是當召命重新出現，成為他們關注的核心，他們整個人生都得到改變。對他們而言，**家庭、友誼、**

愛，都有了新意義，表達著新的生活體驗。研究不再是充滿競爭的學術項目，而是不斷尋求意義的踐行；領導變了服侍；原本只求駁倒對手，如今變成真心邀請對手加入己方；炫人耳目的講課變成引人入勝的挑戰。最重要的是，他們匯聚的新方式，挑起許多人潛藏心底的渴求——原本不曾顯露的渴求，因著這個美國家庭的生活踐行，終於顯露出來。許多人向來覺得是天花亂墜的遐想，忽然變成現實，成了可達至的目標、可實現的理想。滿有憐憫的人生不再是鏡花水月，而是我們在充滿活力的羣體中看得見的現實——這羣體中的人，藉著遷離，發現了一種新的匯聚方式。

召命決不是修士、神父、修女，或少數矢志不渝的平信徒的專利。上帝向所有專心聆聽的人發出呼召，因此上帝的呼召並非為某人或某羣體專有。要有果效，我們就要聽到呼召；要聽到呼召，就要不斷在職業指令的噪音中，辨明我們的召命。

我們看到「自願遷離」如何帶來新的匯聚。在新的匯聚中，我們在共有的軟弱中，發現各成員的「與眾相同」；在新的匯聚中，我們發現各成員的獨有恩賜，可以建立羣體；在新的匯聚中，我們聆聽上帝的呼召，它不斷召喚我們踐行召命，這召命遠超我們的職業抱負。

第三部

憐憫之道

7
忍耐

顯在人前的操練

本書第三部，我們要提出一個疑問：有沒有特定的憐憫之道，是可以日復一日地操練的？前述關乎「滿有憐憫的生命」的反思，重點在於作門徒；如今論到憐憫之道，重點在於操練。

「操練」(discipline)與「作門徒」(discipleship)是不可分割的。沒有操練，作門徒就不過是英雄崇拜或霎時狂熱而已；沒有作門徒的心志，操練就容易淪為模仿或自我判定。操練與作門徒是彼此相屬、彼此深化、彼此鞏固的。然而**操練**一詞實在令人有太多聯想了(不論是褒是貶)，要將它與作門徒扣在一起講論，實在是不容易。譬如我們說孩童需要多一些操練，學校的操練並不足夠，沒有自我操練就達不到目標……在此，**操練**被用來指勉力使自己或他人懂得節制，讓所作所為更有果效。就算我們把**操練**用來指某些研究領域與學科（譯註：操練的英文 discipline 亦可作名詞用，意為學科），它仍關乎效率與掌控。但當我們提出用**操練**去描述憐憫之道，卻毫無上述含義與聯想。

基督徒生命的操練，不應被視作達至憐憫的方法或技巧。憐憫不是可以藉著艱苦訓練、長年研習、細心督導而獲得的技巧。世上沒有修讀憐憫的碩士或博士課程。憐憫是屬天的恩賜，不是我們拚命追求或系統化的學習所得的結果。這世代有許多課程著意幫人提高敏感度、洞察力、容忍度，但我們必須時刻謹記：憐憫不可強奪、只可獲賜；不是努力可得，而是上帝恩典的果子。基督徒生命中的操練，不過是將遮掩的顯出來，將隱藏的帶到台前，將收在斗底下的放回燈台上而已。操練就像在心靈花園小徑掃走那遮蓋地面的落葉。操練使上帝聖靈的啟示臨到我們。

基督徒生命中的操練確然費勁，然而卻是費勁揭示，不是費勁攫取。上帝總在呼召人，人要聽到上帝的呼召，並以上帝的呼召為導向，就要操練自己，不容自己屬靈的耳聾掉。世上太多聲音呼喚我們，太多活動分散我們的注意力了！要敏於感應上帝在我們生命中的同在，就必須專心一意。

上帝藉著給我們新名字呼召我們。亞伯蘭改名亞伯拉罕，雅各改名以色列，掃羅改名保羅，西門改名彼得。我們也要渴求上帝賜予新名字，因為新名字啟示上帝所賜給我們的獨特召命是甚麼。操練就是費勁避免耳聾，敏於上帝的呼召——祂賜我們新名字，要我們開展作門徒的新生活。

然而，我們卻總是緊抓著舊名字，因為新名字，也就是新身分，它可能導向某個我們不願意去的方向。你看亞伯拉罕、以色列、保羅、彼得他們，順從上帝的吩咐後，餘生何等坎坷！他們的路十分難走，面對的危險接踵而至。直覺告訴我們，耳聾大有好處！我們給自己的應許，豈非遠比上帝的應許踏實得多！不過我們同時覺得，繼續充耳不聞的話，會對心底的自己愈來愈陌生，也永不可能實現真我。沒有操練，我們可能永難知道自己的真名字——這將成為人生最大的悲劇！耳聾者成了無名者，沒有目標，沒有終點，一生只能漫無目的地漂流，不認識自己，也不認識人生路上的弟兄姊妹。

這樣看來，操練是滿有憐憫的生命的要素。沒有操練，那股呼喚著我們舊名字的力量，將驅使我們落入不可抗逆的爭競遊戲中。在日常生活中，我們必須致力避免那播在我們心中的種子枯萎。我們需要具體而微的操練之道，去塑造、指引、踐行靈性生活。我們不僅需要認識滿有憐憫的生命，更需要認識憐憫之道。

主動迎向生命漩渦

既然如此，憐憫之道究竟是甚麼？憐憫之道就是忍耐之道，忍耐就是操練憐憫。我們看憐憫的英文compassion，可看為com-patience（共一忍耐）。英文passion（受難）和patience（忍耐）字根都源於拉丁文*pati*，意思是「患難」。滿有憐憫的生命，可以被形容為「以忍耐的心，與他人共處的生命」。因此，憐憫之道是甚麼？就是忍耐。沒有忍耐，就談不上共一忍耐。自己不能受苦，就談不上與他人共患難。欠缺擔起自己人生重擔的力量，也就談不上分擔鄰舍的重擔。忍耐是難求卻令人獲益良多的操練，是滿有憐憫的上帝之門徒的寶貴操練。

這話乍聽令人失望不已，因為委實似是託詞。我們每逢聽見**忍耐**這詞，就會感到厭煩。記得嗎？當我們年紀還小時總聽到這詞，且在不同情況下聽到——總在無人知道還可以說甚麼、無可奈何之際，這詞就會脫口而出！通常這詞的意思與「等等吧！」無異：等等吧，媽媽爸爸快回家了……公車快來了……侍應快上菜了……暑假快到了……痛苦快消除了……雨快停了……車子快修好了……諸如此類。換言之，**忍耐**這詞等於無能為力，愛莫能助，總之是消極與被動的代名詞。難怪任何掌權者（包括父母、神父、牧師、老師、上司）都告訴我們「你就忍耐一下吧」。面對這話，我們常覺得被蔑視、被冒犯！因為太多時候，這話代表著掌權者不會告訴我們真實處境是甚麼！我們將會被擱一旁，只能消極被動地等候掌權者下一步的行動（如果有的話）。可歎一個原本含義深遠的詞語——**忍耐**——竟在我們心中有著這樣扭曲的印象。難怪人們會覺得**忍耐**是掌權者操控無權者的用詞。現實中，亦真有不少權貴不斷傳講忍耐的信息，他們無非是為了攔阻教會或社會必要的改革進程。

但真正的忍耐，不是消極被動地等候別人發落，或隨遇而安。恰恰相反，忍耐是積極主動迎向生命的漩渦，全然承擔自己及他人的患難。忍耐是盡全力去看、聽、摸、嘗、聞人生中的大小諸事。忍耐是以開放的眼、耳、手迎向生命，探討生命真相。忍耐是絕頂困難的操練，因為它違反人的天性——人的天性是逃跑或反抗。我們開車時看見意外，本能就是踩油門盡快躲開。有人提及敏感話題，我們的本能就是插科打諢。腦海中泛起羞恥的回憶，我們的本能就是努力忘記。若逃避不了，我們就會負隅頑抗。面對質詢我們意見、質疑我們權力的人，或迫使我們必須改變的環境，我們會作出反抗。

忍耐要求我們在逃跑與反抗之外另覓出路。那是第三條路，也是最難走的路。它需要操練，因為它違反了我們的本能。忍耐是不離不棄，堅決守護，細心聆聽此時此刻我們所面對的。忍耐是發現有人受苦，需要幫助，就停下腳步予以援手；忍耐是克服對具爭議事宜的恐懼；忍耐是面對令人羞愧的回憶，尋求饒恕，而非忘記；忍耐是樂於接受真誠的批評，檢視變幻莫測的現況。簡言之，忍耐是願意被影響，就算這意味著放棄支配，並要踏進未知的領域。

耶穌及新約聖經的作者對這積極的忍耐有許多闡述。忍耐的希臘文 *hypomonē*，在英譯本聖經中被翻譯為幾個字：patience（忍耐）、endurance（堅毅）、perseverance（堅韌）、fortitude（勇毅），由此可見，它是一個含義豐富的字。耶穌論及忍耐，指上帝那賜予生命的同在，藉忍耐這操練而彰顯。忍耐是一種特質，就像「好土」，可讓種子「生長起來，結實百倍」（路八8）。用耶穌的話說，就是：「人聽了信息，以良善和誠實的心持守它，恆心等待，直到它結出果實」（路八15，《現代中文譯本修訂版》）。

可見，耶穌認定這種忍耐是門徒生命的核心元素。「連你們的父母、弟兄、親族、朋友也要把你們交官；你們也有被他們害死的。你們要為我的名被眾人恨惡，然而，你們連一根頭髮也必不損壞。你們常存忍耐，就必保全靈魂」（路二十一16～19）。耶穌不希望門徒逃跑或反抗，而是希望他們全身投進人生的浪濤中。祂甚至吩咐門徒別擔心要怎樣在審判台前為自己辯護，因為在患難中，他們會聽見那滿有憐憫的上帝的話，從而獲得智慧。「⋯⋯人要⋯⋯為我的名拉你們到君王諸侯面前。⋯⋯你們當立定心意，不要預先思想怎樣分訴；因為我必賜你們口才、智慧，是你們一切敵人所敵不住、駁不倒的」(路二十一12～15)。

耶穌說的這種積極、堅定、有果效的忍耐，其後多番為使徒保羅、彼得、雅各、約翰所稱許，並被奉為真正門徒的標記。保羅尤其體會到忍耐的力量，他勸誡摯愛的提摩太要追求「忍耐、溫柔」(提前六11)，又對歌羅西信徒寫道：「你們⋯⋯要存憐憫、恩慈、謙虛、溫柔、忍耐的心」(西三12)。保羅甚至以自己為「忍耐」的模範(提後三10)，又以忍耐為團結自己與會眾的鑰匙：「我們受患難呢，是為叫你們得安慰，得拯救；我們得安慰呢，也是為叫你們得安慰；這安慰能叫你們忍受我們所受的那樣苦楚。我們為你們所存的盼望是確定的，因為知道你們既是同受苦楚，也必同得安慰」(林後一6～7)。保羅確信忍耐是滿有憐憫生命的操練之道，他寫給羅馬信徒的一段榮耀的得勝宣言，說明我們藉著忍耐，可成為上帝滿有憐憫的愛之活生生標記：「……就是在患難中也是歡歡喜喜的；因為知道患難生忍耐，忍耐生老練，老練生盼望；盼望不至於羞恥，因為所賜給我們的聖靈將上帝的愛澆灌在我們心裏」(羅五 3～5)。

上帝滿有憐憫的同在，藉著我們的忍耐、堅毅、堅韌、勇毅彰顯——這信念是我們操練忍耐的最大動力。雅各說得好：「那先前忍耐的人，我們稱他們是有福的。你們聽見過約伯的忍耐，也知道主給他的結局，明顯主是滿心憐憫，大有慈悲」(雅五 11)。由此看來，新約聖經以操練忍耐為門徒生命之道，塑造我們成為活生生的標記，顯明上帝在世間那滿有憐憫的同在。

活在時間的圓滿中

既然忍耐是主動迎向人生漩渦，我們對時間就可以有新的體驗。忍耐讓我們意識到基督徒——就是願意作耶穌基督門徒的人——不僅擁有新的心思意念，更擁有新的時間觀念。操練忍耐，就是致力讓這新時間——在其中，基督帶領我們——主導我們的感知與抉擇。這新時間提供了機會及背景，讓我們以滿有憐憫之道匯聚。

在仔細分別「舊時間」與「新時間」，深切體會操練忍耐的重要性之前，讓我們先檢視一下自己不耐煩的時刻。不耐煩關乎我們所處的時刻。譬如說，當我們對講者不耐煩，就會想他閉嘴或換話題。當我們對孩童不耐煩，就會希望他不哭、不再吃冰淇淋，或不再亂跑。當我們對自己不耐煩，就會想改掉壞習慣，或完成任務，或勇往直前。無論不耐煩關乎甚麼，我們就是想盡快脫離肉身或心靈上的現況，到另一個起碼舒服一點的境況。我們在不耐煩時所說的話，總是反映我們急於求變的渴望：「他早點出現就好了……我在這裏已經等了一個鐘頭，火車還沒有來哦……他的講道沒完沒了啊……何時才能到達目的地啊？」這些話透露了我們內心的不安，外在表現包括：在桌子下跺腳、十指交叉、打長長的哈欠等。不耐煩，其實就是覺得眼下的時刻空洞、無聊、沒有意義，只想盡快逃避此時此刻的場景。

偶爾，我們的情緒完全受制於不耐煩，以至覺得此時此刻毫無意義。例如看見要坐的班機將會延遲三小時起飛，雖然我們沒有要事在身，但仍可以苦惱難耐，以至甚麼也做不來：我們看不下想看的小說、寫不了想寫的信，也靜不下心祈禱——即使這是我們所渴求的！盤踞心頭只有一個渴想，就是離開這地方！此時此刻再沒有別的願望！

經常出差的人，常常抱怨浪費了許多時間在機場、飛機、火車、公車上，甚麼也做不成。他們的大計包括閱讀文件、預備講章、思考問題等，都被交通狀況打消了——就算其實沒有甚麼足以分散他們的注意力！可是集體運輸系統的主調，似乎就是盡快離開此時此刻；因此要在這樣的氛圍裏集中精神，需要付出額外精力。集體運輸這盤生意，其實與營造不耐煩大有關係：不耐煩的人雖然偶爾難纏，但如果人人都有耐性，許多集體運輸企業恐怕要破產了！乘客必須永不止步，以至在機場咖啡店細讀一本書，也是不能容忍的事！

為甚麼我們會如此不耐煩？因為我們活在鐘表時間（clock time）裏。鐘表時間是線性時間，生命經歷被鐘表、手機、電腦、日曆等事物所記錄的抽象單位量度，這些量度單位令我們生活在年、月、日、時、秒之中，由此決定我們應該花多少時間說話、聆聽、飲食、歌唱、學習、禱告、睡覺、遊戲、停駐。我們的人生受制於鐘表。試看這種時間的霸氣：探訪時間、治療時間，甚至歡樂時間。也許我們疏於察覺，但我們心底的情緒經常受鐘表影響，譬如醫院或機場裏的巨型壁鐘，曾為我們帶來幾許愁緒與眼淚？

鐘表時間是外在時間（outer time），它強調一種僵硬、無情的客觀性。鐘表時間讓人忖測自己還有多少壽數，「真正的人生」是否已經離我們而去。鐘表時間使人對今日失望，使人覺得也許明天、下個禮拜、下個年度才會有**好事**發生。鐘表時間不斷催促我們：「快啊快！時光飛逝！你可能會錯失良機！不過還有機會的⋯⋯快快結婚、找工作、去旅遊、看一本書、唸一個學位⋯⋯在用盡所有時間之前，盡力去抓個夠啊！」鐘表時間令人不斷踏出家門，生出許多不耐煩，攔阻憐憫之道、匯聚之路。

猶幸對我們大多數人來說，人生還有另一些性質迥異的時刻，就是那些我們可以充分經驗忍耐的時刻。也許這樣的時刻極少，但卻是極珍貴的記憶，足以在我們焦躁不安的日子，帶來盼望與勇氣。在這樣的時刻裏，我們對時間有截然不同的體驗：圓滿、充沛、大有生機。這體驗令我們想停下來盡情享受。我們總覺得這樣的時刻涵蓋了一切：起承轉合；過去、現在、將來；哀愁與喜樂；期待與實現；尋找與尋見。這些忍耐的時刻可以有極不相同的面貌，可以是坐在一個病者的牀邊，覺得陪伴對方就是最重大的事；可以是做著例行公事，卻突然醒覺：能夠活著、工作，已經是非常美好的事；可以是站在安靜的禮拜堂內，始料不及地頓悟：世間一切都已蘊藏在此時此刻。我們每逢記起這樣的時刻，都會心被恩感，說：「在那個時刻，時間彷彿凝住了，萬事恰如其分，不折不扣。我永不會忘記那個時刻。」這樣的時刻不一定是愉悅、喜樂、奮亢的，它們也可以充滿哀愁與苦痛、悲傷與掙扎。重要的是，那是圓滿、踏實、圓熟的體驗；重要的是，我們確知，在那時刻，我們觸及了真正的生命。我們不想捨下那樣的時刻，只想全身心投入其中。

以下情景表明了上述時刻可以怎樣化為真理時刻（moments of truth）。我們幾個朋友相聚，沒有討論急事，沒有議決計劃，也沒有談論我們這小圈子以外的人。其實我們只講很少話。我們知道彼此的傷口，也知道許多還未解決的衝突，但我們中間沒有懼怕。我們彼此以溫柔與忍耐相待，然後我們明白到，我們是一件大事的一個環節，所以生命中所能發生的一切，都在此時此刻發生，這時刻盛載著圓滿的真理，無論我們何往，這時刻總與我們同在。我們知道各人以愛和盼望連繫，這連繫是時間或空間都不能隔絕的。我們經驗到合一與和平的實在，也感受到一股內在力量滲透整個人的裏裏外外，不禁對自己說：「這就是恩典啊。」

忍耐驅除鐘表時間，呈現一個新的時間：拯救時間（time of salvation）——這時間不由鐘表、日曆所記錄的抽象客觀單元衡量，它是一種內心經歷到的圓滿時間（full time）。聖經曾經論及這時間，福音書的大事都發生在「時候滿了」之際，譬如伊利莎白的產期**到了**（譯註：原文可譯作「滿了」），就生了約翰（路一57）；馬利亞的產期**到了**，就生了耶穌（路二6）；按摩西律法**滿了**潔淨的日子，約瑟和馬利亞帶著耶穌上耶路撒冷去，要把祂獻與主（路二22）。聖經中的大事總是發生在「時候滿了」之際。此外，「**時候**」（"*egeneto*"；

或譯「到了」/「日子」）指的不是外在時間，而是內在時間（inner time）。譬如「當猶太王希律的**時候**，亞比雅班裏有一個祭司，名叫撒迦利亞」（路一5）；「**到了**第八日，他們來要給孩子行割禮」（路一59）；「當那些**日子**，凱撒奧古斯都有旨意下來」（路二1）；「他們在那裏的時候，馬利亞的產期**到了**」（路二6）。這些事都被描述為恩典與拯救的時刻。換言之，上帝降臨這大事，被宣告為「時候滿了」的事。「日期**滿了**，上帝的國近了」（可一15）。保羅寫信給加拉太信徒說：「及至時候**滿足**，上帝就差遣他的兒子，為女子所生……叫我們得著兒子的名分」（加四4～5）。

藉著操練忍耐，可以尋獲蘊涵新生的圓滿時間。當我們仍然是鐘表日曆的奴隸，時間就仍然是空洞的，沒有重大事件發生，我們也就錯失恩典與拯救的時刻。但如果我們學會忍耐，就能坦然無懼地接受痛苦時刻，不再妄求在別處尋獲珍寶，就能夠漸漸明白：眼下就是圓滿時間，拯救已經開始，並且在進行中。然後我們可以發現：在基督裏、藉著基督，一切人間的事可以變為上帝的事，我們在其中，亦可發現上帝滿有憐憫的同在。

與人一同禮讚生命

忍耐是關乎憐憫的操練，因為藉著忍耐，我們可以活在圓滿時間中，並可邀請他人同享這些時刻。當我們確知上帝賜下拯救，就有充裕時間與人共處，同頌生命。

但如果我們容讓自己囿於鐘表時間，甘於被擠進一個個僵硬的時段，就注定失卻憐憫心腸。若按鐘表行事，就沒有時間留給他人了——我們總在奔赴下一個約會，不會留意旅途上需要幫助的人；我們愈來愈擔憂會遺忘重要事項，甚至將人間疾苦視為人生計劃中的干擾；我們不斷盼待休班的黃昏或週末，或下個月的休假，反倒不能珍惜朝夕相對、共事的人。假若我們能掙脫鐘表時間的箝制，就能活在上帝豐實的內在時間中，憐憫就指日可待。忍耐可以教曉我們許多自然規律：出生與死亡、成長與衰敗、光明與黑暗，使我們可以用全身感官去經驗這新時間，發現無窮無盡的空間，得以承載我們的同伴。

忍耐使我們向各種各樣的人開放自己，邀請他人一嘗上帝同在的圓滿。忍耐使我們打開心門，迎向孩童，又使我們覺察：在上帝憐憫的眼光中，孩童日子（起初）與成人日子（其後）同樣重要。忍耐使我們明白：人生最重要的不是有多長壽，而是有多圓滿。忍耐打開我們的心門，使之迎向老者，防止我們用鐘表時間論斷他們，說他們的黃金歲月已逝。忍耐打開我們的心門，使之迎向病者、垂死者，使我們省察一事：一分鐘真心相處，足以挪去一生苦澀。忍耐可以帶給停不下來的年輕行政人員片刻平安喜樂，亦可讓忙個不休的新婚愛侶獲得一點安靜。忍耐令我們不將自己看得太重要，以致當那些無私的、服侍他人的諸般大計再次把我們帶回鐘表時間時，我們懂得存疑與反思。忍耐使我們更有愛心、溫柔，更懂得關心、體貼，對上帝豐富的恩賜常存感恩。

懂得忍耐的人，其實不難辨認。在他們面前，我們心底會產生迴響：他們引領我們走出焦躁與不安，與我們同行，走進上帝時間的圓滿之中。在他們面前，我們深深感到被愛、被接納、被關懷。曾經引起焦慮的大大小小事情，忽然不再轄制我們。然後我們發現一事：我們向來渴求的，在這滿有憐憫的時刻，漸漸實現。

教宗若望二十三世就是這麼一位滿有忍耐與憐憫的人物。在他面前，人可以脫離心底緊纏的羈絆，獲得新的眼光，拋開諸般恐懼與焦慮。其實不少農人、文員、學生、家庭主婦也是這樣的人物，他們看似沉默，其貌不揚，卻能幫助朋友、兒女、鄰居，投入上帝時間的圓滿之中，獲賜上帝那恩慈的憐憫。

因此，忍耐是憐憫之道，通向滿有憐憫的生命。忍耐是作門徒的操練，它必須融入日常生活的每一處。至於如何操練忍耐，具體而微之道，就是餘下兩章的題目：禱告、行動。

8
禱告

兩手空空

操練忍耐，關乎禱告與行動。禱告與行動是操練忍耐的根本。本章我們先講禱告，看看我們怎樣在禱告中，忍受此時此刻之苦，在生命的核心，尋獲滿有憐憫的上帝。

乍看之下，將禱告與操練忍耐扣上關係，似乎十分奇怪——但不用細究，我們也可明白不耐煩使我們遠離禱告。我們常常告訴自己：「我真的忙得沒有時間禱告」，或是「太多急事要做了，實在無暇禱告啊」，或是「我每次想禱告，都有事情急須處理」。在一個似乎充滿急事與要事的社會，禱告好像是一種很不順性的行為！我們不假思索就接納了一個想法：「做事」遠比禱告重要！我們以為禱告只能在沒有要事的情況下進行！我們口頭上，甚或頭腦上都同意禱告很重要，可惜早已成為不耐煩一族。我們的行為表現通常反映了一個想法：禱告是浪費時間！

這困境顯示：是時候將禱告看為操練了！要專心操練禱告，因為禱告確非我們面對世界時最順性的反應。若然隨從本性，我們就會先做事，然後才禱告。何況我們想做的，總是那些看來毋容置疑的好事——設立宗教教育課程、提供免費飯食、聆聽社區問題、探訪病者、制定禮儀、服侍監犯或精神病人——就算我們做這些好事是出於不耐煩，也很難察覺！如此，不過顯出我們自己的需要罷了，而不是上帝的憐憫！禱告是衡量基督徒生命的準則。禱告要求我們兩手空空站在上帝跟前，赤露敞開，向自己及眾人宣告：離了上帝，我們一事無成！禱告是困難的，因為今日的主流看法是：「盡力而為，上帝補遺。」（Do your best and God will do the rest.）當人生諸事分為「我們的盡力」與「上帝的補遺」，禱告就變成解決疑難的最後一招，實在無計可施才會用上的一著。如此，就連上帝也變成我們不耐煩的受害者。但作門徒決不是意味著無計可施時才求告上帝！恰恰相反，它乃是醒覺自己不能成就甚麼，一切都是上帝使用我們去成就。門徒的一切——而不是一部分——力量、盼望、勇氣、信心，統統來自上帝。因此，禱告必須是我們的首要大事。

現在讓我們細究禱告的操練。按照前述，禱告的目的不是與上帝建立溝通渠道，從而獲得上帝的幫助。作為一種加強、深化門徒之道的操練，禱告是致力除去所有攔阻聖靈——祂由耶穌基督賜給我們——向我們說話、在我們裏面言說的障礙。操練禱告，就是學習不讓我們不耐煩的本性攪擾聖靈工作，好讓上帝的靈可以自由運行。

在聖靈裏

本書直至目前為止，似乎不怎麼提及聖靈，但論到禱告，自然不可能不談論聖靈——上帝賜下聖靈，為引領我們進入與祂契合的生命。基督徒的生命是屬靈的生命，因為這是在基督的靈裏（in the Spirit of

Christ）活出的生命。這說法很容易被誤解，譬如我們說：「讓我們效法祂的精神（in the spirit of him）去做好這事。祂總是善待我們」。不過福音書提到的「在靈裏」(in the Spirit)，有更深刻的意思——這「靈」乃是聖靈，是天父因耶穌之名差遣到我們中間來的（約十四 26）。聖靈本身就是屬天的生命，藉著祂，我們不但成了基督的弟妹，也成了天父的兒女。所以耶穌說：「……我去是與你們有益的；我若不去，保惠師〔就是聖靈〕就不到你們這裏來……只等真理的聖靈來了，他要引導你們明白一切的真理……凡父所有的，都是我的……他要將受於我的告訴你們」（約十六 7～15）。

因此，領受聖靈就是領受上帝的愛的圓滿。聖靈幫助我們活出真正的門徒之道——不僅追隨基督的腳蹤，更與基督一同參與三一上帝的契合互動。保羅對加拉太信徒說的一段話，有力地表達了這意思：「你們既為兒子，上帝就差他兒子的靈進入你們的心，呼叫：『阿爸！父！』可見，從此以後，你不是奴僕，乃是兒子了……」（加四 6～7，亦參羅八 15）。因此保羅能夠說出這話：「……現在活著的不再是我，乃是基督在我裏面活著……」（加二 20）。

屬靈生命，就是在聖靈裏的生命，或更準確地說，是聖靈在我們裏面的生命。這屬靈生命使我們以新的心思意念活在新的時間中。我們一旦明白了這道理，就明白禱告的意義了：禱告是在我們裏面的聖靈之生命的彰顯。禱告不關乎我們做了甚麼，卻關乎在我們裏面的聖靈做了甚麼。保羅對哥林多信徒說：「……若不是被聖靈感動的，也沒有能說『耶穌是主』的」(林前十二3)。他又對羅馬信徒說：「我們的軟弱有聖靈幫助；我們本不曉得當怎樣禱告，只是聖靈親自用說不出來的歎息替我們禱告。鑒察人心的，曉得聖靈的意思，因為聖靈照著上帝的旨意替聖徒祈求」(羅八26～27)。禱告是聖靈的工作。

這些經文表明，作為忍耐的操練之道，禱告是努力讓聖靈在我們裏面進行「再創造」。這操練包括幾件事：其一，不斷提醒自己不可逃避眼下的時刻，妄求拯救速速臨到；其二，留心聆聽眼前的人與事要告訴我們甚麼，從而辨明聖靈的足迹；其三，時刻警醒戒備，提防思想、心靈被接踵而來的騷擾、噪音吞噬；最後也是最重要的一點：矢志每天特地撥出時間，獨自在上帝面前安靜，聆聽聖靈的聲音。操練禱告，能讓我們學會在忙亂的生活中，辨明上帝那賜生命的聖靈的同在，也讓聖靈不斷改變我們的生命。藉著操練，我們變得自由，能夠耐心聆聽聖靈的言說，順從聖靈在我們心中的引領。因此我們發現，是聖靈提醒我們耶穌曾經說過、做過的一切（約十四 26，十六 8），聖靈也教導我們禱告（羅八 26～27），使我們得著能力，為主作見證，直到地極（徒一 8）。再者，聖靈會確認我們心中的真理（羅九 1），帶來公義、和平、喜樂（羅十四 17），除去盼望的阻礙（羅十五 13），更新一切（多三 5）。

操練禱告，令我們停駐聆聽、等候觀察、細意品嘗、留心發現。這聽起來似乎令人變得消極被動，但其實需要投入很大的意志與動力。可以說，操練禱告，是一種內心遷離（inner displacement）。對世界作出平常而安適的回應，是打開收音機、翻開報紙、看一套電影、與許多人交談、不耐煩地尋找新的焦點與消遣。在禱告中耐心聆聽聖靈的聲音，是很徹底的遷離，我們起初必然感到異常不自在！我們太習慣不耐煩的生活方式了，早已對「此時此刻」不存寄望。任何要「熬過去」或「撐下去」的嘗試，都與素常的思想習慣迥異，所以我們的本能反應就是抗議。但當忍耐的操練開始生效，我們就漸漸能夠察覺到，某些深博、神祕、具創意的事情正在此時此刻發生，它們深深吸引我們——這並非出於我們的本能，而是出於聖靈的動工。在內在遷離中，我們經驗到滿有憐憫的上帝的同在。保羅對提多說：

> 但到了上帝——我們救主的恩慈和他向人所施的慈愛顯明的時候，他便救了我們；並不是因我們自己所行的義，乃是照他的憐憫，藉著重生的洗和聖靈的更新。聖靈就是上帝藉著耶穌基督——我們救主厚厚澆灌在我們身上的，好叫我們因他的恩得稱為義，可以憑著永生的盼望成為後嗣。這話是可信的。
>
> 多三 4～8

禱告向我們啟示滿有憐憫的上帝的靈，因此，它是促成門徒之道的操練。

擁抱眾生

禱告是耐心聽候聖靈在我們裏面的運行。然而，禱告如何成為憐憫的操練之道呢？禱告與滿有憐憫的生命有何關係？滿有憐憫的生命，不是要求我們出現在受苦者面前嗎？不是要求我們與貧窮、受欺壓、被逼迫的人站在同一陣線嗎？不是驅使我們迎向人生的漩渦，體驗生存的艱困，擁抱被遺棄的人嗎？禱告怎會是憐憫的操練之道呢？

很多人將禱告聯想成與世隔絕，但真正的禱告，卻將我們與各處弟兄姊妹的距離縮小。禱告是憐憫的首要且不可或缺的操練，因為禱告是眾人團結的首要體現。為甚麼？因為在我們裏面禱告的聖靈，也是令全人類匯聚團結的那位聖靈。聖靈是和平、團結、復和的靈，祂不斷向我們啟示：藉著祂的能力，來自不同社會、政治、經濟、種族、民族背景的人，都可以匯聚，成為同一位基督的弟妹、同一位天父的兒女。

要提防落入屬靈浪漫化，或滿口虔誠煽情大話，就要謹慎留意聖靈滿有憐憫的同在。禱告的親密感，是從聖靈而來的，祂帶來新的心思意念、新的時間，祂擁抱全人類，不將一人排除在外。在禱告的親密中，我們發現，上帝深愛人類大家庭的每個成員，而祂對每個成員的愛都是親密而獨特的，正如祂對我們的愛。隨著我們對上帝益加親密，我們對其他人的責任感也益加增添。我們心中會出現日漸強烈的渴望，要引領患難受苦的全人類，到聖靈跟前，讓凡願意領受的，可以領受屬天的再生溫暖（revitalizing heat）。不過擁有這渴望的先決條件，是堅定不移的忍耐。畫家梵高（Vincent van Gogh）在一封寫給弟弟西奧（Theo）的信中，對滿有忍耐之禱告操練，形容得很精采：

> 我們心中可能有一團烈火，可是沒有人走來取暖。路人只見煙囪有一縷煙升起，然後繼續上路。啊呀，我們該怎麼辦？我們要繼續保住這團火，刻苦耐勞，耐心等候嗎？（但其實心焦如焚，不知道何日何時會有人前來停駐。）就讓相信上帝的人等候那時刻來臨吧，那時刻遲早要來。[15]

滿有憐憫的生命其中一個最影響深遠的經驗，是心胸變得寬廣，成為可以擁抱全人類的醫治空間，沒有人被排斥在外。當我們藉著操練，克服不耐煩的本性——這本性令我們或逃跑或反抗，或恐懼或憤怒——我們會發現一個無邊的領域，足以容納世上所有人。為人禱告不再是需要時常練習的異常操練苦差，而是憐憫心腸的舞動節拍。從此以後，為患病的朋友禱告，為抑鬱的學生禱告，為掙扎中的教師禱告，為監獄、醫院、戰場的人禱告，為遭受不義苦待的人禱告，為挨饑、貧窮、無家可歸的人禱告，為犧牲了事業、健康、性命去爭取社會公義的人禱告，為教會及政府的領袖禱告——為所有人禱告，不再是祈求影響上帝旨意的多餘舉動，而是友善慷慨的自然行動，邀請鄰舍進入我們心中。為他人禱告，就是將別人看為自己的一部分；為他人禱告，就是讓別人的苦痛與患難、焦慮與孤單、困惑與恐懼，在自己內心深處引發共鳴。因此，禱告就是進入對方的境況，成為患病的孩童、驚惶的母親、憂愁的父親、緊張的少年、憤怒的學生、沮喪的罷工工人；禱告，就是與全人類站在同一陣線，讓世人在我們裏面、藉著我們，觸及聖靈的醫治大能。身為基督的門徒，當我們能夠分擔弟兄姊妹的重擔，分嘗他們所受的創傷，甚至為他們罪而心碎，我們的禱告，就成了他們的禱告，我們求主憐憫，就是他們求主憐憫。在滿有憐憫的禱告中，我們將有需要者帶到上帝跟前，他們的患難不僅「很久之前」在「那裏」發生，也是「此時此刻」在我們「心底」發生。在我們裏面、藉著我們，他人獲得更新；在我們裏面、藉著我們，他人領受新的亮光、新的盼望、新的勇氣；在我們裏面、藉著我們，上帝的聖靈以上帝醫治的同在，觸摸他們。

對仇敵亦然

為全人類作滿有憐憫的禱告，是基督徒生命的核心大事。耶穌極重視禱告的大能：「你們禱告，無論求甚麼，只要信，就必得著」(太二十一 22)。使徒雅各也作出呼應：「義人祈禱所發的力量是大有功效的」(雅五 16)。滿有憐憫的禱告，是基督徒羣體的標記。基督徒在禱告中提及彼此的名字 (羅一 9；林前一 11；弗六 8；西四 3)，藉此，使對方得幫助、得拯救 (羅十五

30；腓一19）。不過滿有憐憫禱告的終極考驗，並非為會眾、朋友、親人以至所有基督徒禱告。耶穌的話毫不含糊：「我告訴你們，要愛你們的仇敵，為那逼迫你們的禱告」（太五44）。在十字架酷刑的極苦中，耶穌仍為殺害祂的人禱告：「父啊！赦免他們；因為他們所做的，他們不曉得」（路二十三34）。操練禱告的意義在此盡顯無遺。禱告不但令我們將愛我們的人帶進心中，也令我們將恨我們的人帶進心中。惟有願意將仇敵看為自己的一部分——就是先在自己心中將仇敵轉化為朋友——我們才有可能做成這事。

當我們覺得某人是仇敵，上帝呼召我們去做的第一件事，是為那人禱告。這肯定極不容易。要讓那些恨我們的人，或我們惱恨的人進入我們心底，這肯定需要操練。那些為難我們的人，帶給我們挫折、苦痛、傷害的人，是我們最不想留在心中的。然而，只要我們克服了對仇敵的不耐煩，願意聆聽那些逼迫我們的人的呼聲，就會發現：他們其實也是弟兄姊妹。因此，為仇敵禱告是很實在的復和行動。將仇敵帶到上帝面前，同時繼續憎恨對方，是不可能的。在禱告中所看到的對方，就算是最橫蠻的獨裁者或最殘暴的虐待者，也不再是我們恐懼、憎恨、報復的對象，因為在禱告之際，我們站在上帝憐憫的大奧祕中。禱告將仇敵轉化為朋友，開啟新的關係。也許再沒有別的禱告，比為仇敵禱告更有能力了。但這也是最難的禱告，因為最違反我們的本性。不少天主教聖人覺得為仇敵禱告，是聖潔的重要準繩，委實有道理。

基督滿有憐憫，為我們取了奴僕的樣式，又為我們受死（腓二 7～8）。因此，身為滿有憐憫之基督的門徒，我們不能為禱告設定界限。潘霍華的話簡潔有力：為人禱告，就是「將我們自己領受了的權利與人分享——甚麼權利？就是站在基督跟前，領受憐憫的權利」。[16]當我們帶著世人的需要來到上帝跟前，那觸動我們的聖靈的醫治大愛，也同樣觸動那些我們藉著禱告帶到上帝跟前的人。滿有憐憫的禱告，與自私自利的個人主義背道而馳，後者只會令人逃跑或反抗。相反，禱告讓我們更深地體悟彼此共有的患難，拉近大家的距離，匯聚在聖靈醫治的同在之中。

忠於擘餅

作為充分活在當下、察驗聖靈醫治同在的一種操練，禱告最深遠的體現，就在擘餅之中。論到憐憫、禱告、擘餅的緊密關聯，有一段經文描述得很清楚：「都恆心遵守使徒的教訓，彼此交接，擘餅，祈禱。……存著歡喜、誠實的心用飯，讚美上帝，得眾民的喜愛」（徒二 42～47）。擘餅是基督徒羣體的核心要事。信徒聚集一同擘餅，清楚體現禱告的羣體特質。作門徒的一大標記，是以嶄新的方式匯聚；禱告的操練，首先也體現在它乃是羣體的操練。在基督徒一起擘餅之時，聖靈以極具體的方式與這羣體同在。因此，擘餅不是我們嘗試忘卻「真實生活」的苦痛，躲在一個空想的儀式之中，而是我們生命核心的一種體現，一種慶典。

我們聚集擘餅，就是彼此分享基督的生命故事，以及我們的生命在基督裏面的故事。昔日耶穌拿起餅來，祝謝了，擘開，與祂的朋友分享——祂看見挨餓的羣眾，動了慈心，也這樣做（太十四 19，十五 36）；祂在面對死亡的前一夜，與門徒訣別時也這樣做（太二十六 26）；祂在往以馬忤斯路上遇見兩個門徒，向他們表露身分，也這樣做了（路二十四 30）。自此以後，基督徒為了記念耶穌，也聚集一起擘餅。可以說，擘餅是一種禮讚，使昔日基督的故事，以及今日我們的故事歷久常新。拿起餅，祝謝，擘開，遞給眾人——藉著這個禮儀，基督生命的奧祕，以最言簡意賅的方式呈現人前。聖父差派獨生聖子來到世間，藉著祂拯救世人（約三 17）。在約旦河，在他泊山，天父親口宣告：「這是我的愛子，我所喜悅的。⋯⋯你們要聽他！」（太三 17，十七 5）。滿受恩寵的聖子，被釘在十字架上，「為我們的過犯受害，為我們的罪孽壓傷」（賽五十三 5）。然而藉著祂的死，祂成了我們的天糧，應驗了祂在最後的晚餐席上對門徒說的話：「這是我的身體，為你們捨的，你們也應當如此行，為的是記念我」（路二十二 19）。

耶穌基督希望我們有分的，就是這交出、祝謝、擘開、分派的生命，所以耶穌對門徒說：「你們也應當如此行，為的是記念我」（路二十二 19）。我們在聖餐聚會上吃餅喝杯，記念祂，就與祂滿有憐憫的生命緊密結連——事實上，我們**成了**（become）祂的生命，得以在我們身處的時空裏，重現（re-present）基督的生命。我們的憐憫，成了上帝憐憫的彰顯，實現在所有時代及所有地方。擘餅將我們的破碎生命，連於上帝在基督裏的生命；將我們的破碎，化為一種新的破碎，它不再帶來分裂，而是帶來羣體與仁愛。即將腐爛的傷口，必須繼續隱藏；然而導向新生命的傷口，卻可被禮讚為盼望的曙光。正因如此，我們可以在羣體禱告中禮讚憐憫——也就是共患難。

當我們一起擘餅，我們重申自己的破碎，而不是否認破碎的存在。我們比任何時候都更察覺到：自己被交出，分別為聖，為上帝作見證；自己蒙福，領受恩言恩行；自己被壓碎，非因遭受報復或殘害，而是成為天糧，可以餵飽其他人。當兩三個、十個、百個、千個人同吃一餅，同喝一杯，他們即與基督那破碎、傾流的生命合而為一。原來我們的生命同屬這一個生命，所以彼此都是弟兄姊妹。

今日世界，很少地方可以讓我們高舉稱頌大家共有的人性，但當我們每次聚集在聖餐桌前，就能拆掉許多圍牆，甚至瞥見上帝對全人類的心意。我們每逢如此行，不單蒙召關顧彼此的福祉，也蒙召關顧全人類的福祉。

因此，擘餅成了與受苦者站在同一陣線的體現，不論受苦者是近是遠。我們不是在製造小圈子，而是將自己投入全人類中。擘餅令我們接觸到身心飽受壓迫蹂躪的人，還有半生身陷世界牢籠的人；擘餅令我們接觸到因饑餓或無家可歸，以致身體、精神、心靈備受摧殘的男女老幼；擘餅令我們接觸到加爾各答街頭的垂死者，還有紐約市華廈裏的孤單者；擘餅令我們接觸到世界各地呼求公義的鬥士，譬如英國的凱瑟迪（Sheila Cassidy），北愛爾蘭的可莉根（Mairhead Corrigan）、威廉絲（Betty Williams），南韓的金芝河，美國的魯絲（Molly Rush），法國的范尼雲等。

這都可稱為「餅的聯繫」，提醒我們要竭盡所能為全人類「日用的飲食」奮鬥。因此，一起禱告變成了一起行動。同擘一餅的呼召，也成了一起行動的呼召。

9
行動

此時此刻

如果我們對禱告的強調，僅是為了逃避直接介入世界的各種需要與苦痛，就決非真正的滿有憐憫之生命的操練。禱告提醒我們要全心留意身處的世界，並將世界一切需要與苦痛帶到上帝跟前。正是這滿有憐憫的禱告，要求我們輔以滿有憐憫的行動。門徒蒙召跟從主，不但要進到曠野和上山禱告，也要下到流淚谷向人伸出援手，還要在十字架上，就是在人間疾苦當中。禱告與行動，斷非矛盾或彼此排斥。沒有行動的禱告，會淪為無能的、虛有其表的敬虔；沒有禱告的行動，會惡化為問題多多的操控。如果禱告帶領我們更深地連結於滿有憐憫的基督，那麼這必然會生出具體的服侍行動；如果具體的服侍行動使我們與貧窮者、挨餓者、患病者、垂死者、被壓迫者等更深地連結一起，那麼這些行動也必然會帶來更多禱告。在禱告中，我們遇見基督，在祂裏面，我們遇見一切人間苦難；在服侍中，我們遇見世人，在世人中，我們遇見受苦的基督。

操練忍耐，不僅關乎我們怎樣禱告，也關乎我們怎樣行動。我們的行動——與禱告一樣——必須顯出上帝在世間滿有憐憫的同在。透過有耐性的行動，上帝大愛的醫治、安慰、激勵、復和、合一，能夠觸動世人的心；透過有耐性的行動，時間的圓滿得以彰顯，上帝的公義與和平能夠引導世界；透過那些有耐性的行動，窮人聽到福音，被囚的得釋放，瞎眼的得看見，被壓制的得自由，上帝的禧年被宣告（路四18～19）；透過那些有耐性的行動，恐懼、猜疑、不斷升級的軍備競賽、不斷惡化的貧富懸殊、不斷加劇的權貴暴行，終於消失影蹤；透過那些有耐性的行動，人們彼此聆聽、互相溝通、彼此療傷。簡言之，這些行動源於一個信念：我們的生命有上帝同在，我們希望個體、羣體、社會、國家，都能感受到上帝的同在。

有耐性的行動，是艱難的操練。我們的生活通常太忙碌，要熬過一天已是心力交瘁，於是難以珍惜眼前一刻，只能寄望一個將來的時空，希望一切不再一樣。我們總想盡快離開眼前一刻，闖出新天地，那裏是沒有眼前的苦痛的。但是，這些不耐煩的行動，會使我們看不到眼前一刻所蘊含的可能性，以致陷入躁動的狂熱之中。作為憐憫的操練，行動要求我們願意對眼前一刻的具體需要作出回應。

有何憑證

論到具體服侍行動的重要，也許雅各論述的直白，在新約聖經中無出其右：「在上帝我們的父面前，那清潔沒有玷污的虔誠，就是看顧在患難中的孤兒寡婦，並且保守自己不沾染世俗」(雅一 27)。雅各書的受眾是「散居在各處的十二個支派的人」(雅一 1；《和合本修訂版》)，就是散居在希羅世界的猶太裔基督徒。他論到具體服侍行動的重要，語氣嘲諷意味十足：

我的弟兄們，若有人說自己有信心，卻沒有行為，有甚麼益處呢？這信心能救他嗎？若是弟兄或是姊妹，赤身露體，又缺了日用的飲食；你們中間有人對他們說：「平平安安地去吧！願你們穿得暖，吃得飽」，卻不給他們身體所需用的，這有甚麼益處呢？這樣，信心若沒有行為就是死的。

雅二 14～17

雅各進而教導他的讀者，對那些以為「信上帝就夠了」的人應該說甚麼：

必有人說：「你有信心，我有行為；你將你沒有行為的信心指給我看，我便藉著我的行為，將我的信心指給你看。」你信上帝只有一位，你信的不錯；鬼魔也信，卻是戰驚。虛浮的人哪，你願意知道沒有行為的信心是死的嗎？

雅二 18～20

雅各講完亞伯拉罕與喇合的信心與行為如何相輔相成，就總結道：「身體沒有靈魂是死的，信心沒有行為也是死的」（雅二 26）。

明顯地，雅各不過是就著新的背景，重申耶穌關於具體服侍行動的教導。昔日施洗約翰的門徒問耶穌：「那將要來的是你嗎？」耶穌只提及自己的行動：「瞎子看見，瘸子行走，長大痲瘋的潔淨，聾子聽見，死人復活，窮人有福音傳給他們」（路七 22）。祂的行動就是祂的憑證。耶穌的門徒也一樣。耶穌希望他們是有行動的人，祂的說法毫不含糊：「……惟有聽見不去行的，就像一個人在土地上蓋房子，沒有根基；水一沖，隨即倒塌了，並且那房子壞的很大」（路六 49）。耶穌一再強調，真門徒的標準，不在於言語，卻在於行動：「凡稱呼我『主啊，主啊』的人不能都進天國；惟獨遵行我天父旨意的人才能進去」（太七 21）。禱告必然結出具體的果子。因此衡量基督徒生命的終極準繩不是禱告，而是行動。在一個充滿教師、主人、文士、法利賽人的「教導」的環境，耶穌希望門徒能夠發現一個道理：只靠言語的人，不能進上帝的國。

〔耶穌〕說：「一個人有兩個兒子。他來對大兒子說：『我兒，你今天到葡萄園裏去做工。』他回答說：『我不去』，以後自己懊悔，就去了。又來對小兒子也是這樣說。他回答說：『父啊，我去』，他卻不去。你們想，這兩個兒子是哪一個遵行父命呢？」他們說：「大兒子。」

太二十一 28～31

耶穌好像恐怕聽了這比喻的人還會有疑問，其後又描述最後大審判的一幕，其中可見「具體的憐憫行動」就是「那清潔沒有玷污的虔誠」（雅一 27）的標記，這是毋可置疑的了。論到行動的重要，綜觀整部新約聖經，再找不到比這更明確的說法：

「當人子在他榮耀裏、同著眾天使降臨的時候，要坐在他榮耀的寶座上。萬民都要聚集在他面前。他要把他們分別出來，好像牧羊的分別綿羊山羊一般，把綿羊安置在右邊，山羊在左邊。於是王要向那右邊的說：『你們這蒙我父賜福的，可來承受那創世以來為你們所預備的國；因為我餓了，你們給我吃，渴了，你們給我喝；我作客旅，你們留我住；我赤身露體，你們給我穿；我病了，你們看顧我；我在監裏，你們來看我。』義人就回答說：『主啊，我們甚麼時候見你餓了，給你吃，渴了，給你喝？甚麼時候見你作客旅，留你住，或是赤身露體，給你穿？又甚麼時候見你病了，或是在監裏，來看你呢？』王要回答說：『我實在告訴你們，這些事你們既做在我這弟兄中一個最小的身上，就是做在我身上了。』王又要向那左邊的說：『你們這被咒詛的人，離開我！進入那為魔鬼和他的使者所預備的永火裏去！因為我餓了，你們不給我吃，渴了，你們不給我喝；我作客旅，你們不留我住；我赤身露體，你們不給我穿；我病了，我在監裏，你們不來看顧我。』他們也要回答說：『主啊，我們甚麼時候見你餓了，或渴了，或作客旅，或赤身露體，或病了，或在監裏，不伺候你呢？』王要回答說：『我實在告訴你們，這些事你們既不做在我這弟兄中一個最小的身上，就是不做在我身上了。』這些人要往永刑裏去；那些義人要往永生裏去。」

太二十五 31～46

這戲劇化的情景，生動地闡明了「操練行動」是怎麼一回事。與受苦者一起行動、為受苦者行動，就是滿有憐憫的生命的具體表現，也是基督徒的終極準繩。行動不是禱告與敬拜以外的時刻，行動本身就是禱告與敬拜的時刻。為何如此？因為耶穌基督沒有緊抓自己的神性不放，而是虛己，取了人的樣式。祂出現在挨餓抵渴、流離失所、赤身露體、患病被囚的人中間。當我們不斷與基督交談、順從聖靈的指引，就必然會在貧窮者、被壓迫者、被踐踏者中間發現基督，聽到基督的呼喚，從而作出回應。因此，行動與禱告是操練忍耐的兩個面向，兩者都要求我們踏進此時此刻的苦難世界，對世人的特定需要作出回應，因為耶穌基督已經宣告：這世界是屬祂的。因此，敬拜就是服侍，服侍也就是敬拜。我們所說或所做的一切、所求取或所施予的一切，都成了通往生命的路，而上帝的憐憫，就在這生命中彰顯。

行動至上的試探

門徒相信自己的行動，乃是上帝同在的彰顯。他們的行動不為證明自己的能力，乃為顯明上帝的能力；他們的行動不為救贖人，而為顯出上帝的救贖大恩；他們的行動不為創造一個新世界，而為打開人的心眼心耳，可以看見聽見坐在寶座上的那一位說：「看哪，我將一切都更新了！」(啟二十一5)。

今日社會將果效與價值劃上等號，有耐性的行動變得很不容易。我們大多傾向做「值得」的事，務求帶來改變，不斷計劃、組織、建構、重新建構……我們往往好像忘記了救贖者是上帝而不是我們。忙碌、身處其境、運籌帷幄往往反過來變成了目標。我們忘記自己的召命是顯明上帝的憐憫，而不是展示自己的能力。

滿有憐憫的生命之道，是困難的操練，因為我們十分渴求被賞識、被接納。這渴求很容易驅使我們隨從一個期望：我們要提供「新事物」。在一個熱中於新接觸、新事件、新經驗的社會，我們很難不受「不耐煩的行動主義」誘惑——但我們往往難於察覺這誘惑，尤其當我們所做的明明看起來「又良善又敬虔」!然而,就算是設立救援行動、贈衣施藥、救濟饑荒,也可以不過是為了滿足一己私慾,而不是回應上帝的呼召。

但我們要慎防自省過度:人不可能有百分百純全動機;與受苦者一起行動、為受苦者行動,總好過只呆坐著不斷煉淨自己的動機!然而,時刻反思自己行動至上的傾向是重要的。當一己私慾主導了行動,長期事奉就變得舉步維艱,事奉者很快就會力竭筋疲、心力交瘁,以至自怨自艾。

要對抗行動主義,最重要的是認識到:在基督裏,一切已經成就。我們不應將之看為頭腦上的知識,而要在信心裏理解它。假若我們以為世人得救的關鍵在於我們自己,就沒有一種足以挪動大山的信心。在基督裏,人間的患難苦痛都被接受了、承受了;在基督裏,我們破碎的人性獲得修復,而且被引領進入三一上帝的親密關係之中。因此,我們應該視我們的行動為操練,而透過這操練,我們將一切已成就了的,顯明出來。這樣的行動是基於信心,憑信心我們走在穩固的地土上,就算四周仍是混亂、惶惑、暴力、仇恨。

有一個動人的例子，關乎一位女士，她在東非國家布隆迪（Burundi）生活了多年。有一天她遇上一次血腥的部族戰爭，這戰爭將她和同工多年建立的一切毀諸一旦，她更親眼目睹許多她深愛的無辜者慘遭毒手。她如何避過心理上、情緒上的崩潰？就是因為她知道：這一切苦難，都已在基督裏成就。她對上帝拯救行動的深切理解令她留下，面對現實，在難以言喻的慘況中繼續事奉。她的行動不僅是嘗試重建一切，力克邪惡，更是一種在民眾面前的見證：上帝不是仇恨與暴力的上帝，而是溫柔與憐憫的上帝。也許，惟有常受苦難的人，才會明白基督為我們受苦及在十字架上成就復和大功，究竟是甚麼意思。

並非沒有對抗

行動主義不是惟一的試探。不耐煩的行動不但使人工作過勞、投身過度，也會將憐憫化為煽情的玩意。煽情是另一試探，需要我們操練行動以應對。假若我們主要關注自己是否受喜愛、接納、稱許、獎賞，人生抉擇就會變得很偏狹：做甚麼或不做甚麼，都看能否招人喜歡。因此我們觸及憐憫的另一層面，這層面少為人知，它乃是：對抗。今日我們操練行動，很多時要有敢於對抗的勇氣。提起憐憫，我們通常只想到醫治傷口、除去苦痛，但是放眼今日世界，許多人沒有人權保障，數以百萬人在饑荒中，全人類在核武大毀滅的威脅中。憐憫這行動的涵義，已經超越救苦救難的層次。罪惡權勢已是明目張膽，不但臨及個人層面，而且及於影響眾人生活的社會制度——是時候起來堅定地、旗幟鮮明地作出對抗了！憐憫並不排除對抗的可能。恰恰相反，對抗是憐憫不可或缺的一部分，是憐憫的一種本真的表達，這可清楚見於整個舊約先知的道統，耶穌基督也不例外。遺憾的是，耶穌向來被描繪為柔弱溫和的人，這其實與福音書的描述大相逕庭。

意大利導演帕索里尼（Pier Paolo Passolini）的著名電影《馬太福音》（*The Gospel According to St. Matthew*），將耶穌描繪為一位勇武火爆的先知，一點不介意激怒眾人，有時甚至好像故意挑釁人。雖然帕索里尼的描述有點過火，卻無疑再次提醒了我們耶穌的「另一面」：耶穌經常與人處於對抗的局面，不看人的情面，決不是一個巧舌如簧的好好先生。

誠實而直接的對抗，是憐憫的真正體現。基督徒的立場，是**在世**而不**屬世**。正正是這樣的立場，令對抗變得可能以至必須。我們必須撕破權勢的假面具，除去偶像崇拜，反抗壓迫與剝削，對質所有罪惡的共犯——這才是憐憫。我們若不願意對抗那些導致貧窮的惡人與惡法，就不能與貧窮人共患難；我們若不想對抗看守監牢的人，就不能釋放被囚的人；我們若不願意對抗壓迫者，就不能與被壓迫者站在同一陣線。沒有對抗的憐憫，很快就會淪為沒有果效、言不及義的濫情安慰。

不過，對抗要體現為一種有耐性的行動，就必須謙卑。常見的試探，是將對抗變成自以為義的報復，或自私自利的斥責。這箇中的隱患，是對抗者自己的見證蒙蔽了自己。如果在對抗中摻雜了成名的慾望、報復的渴望、對權力的貪戀，對抗就成了私利，也就與憐憫無分了。

滿有憐憫地對抗，是很不容易的。自義總在咫尺之間，暴怒總是蓄勢待發。究竟我們的對抗是滿有憐憫，還是帶著冒犯？我們的憤怒是出於公義，還是出於自義？也許最好的檢測方法就是問自己：我能不能被對抗？當有人怒氣沖沖質問我，我能否在當中學到功課？我們愈能夠接受別人的對抗，就愈懂得怎樣去對抗。對抗罪惡的同時，能夠意識到自己心中也有罪惡，這是一種帶著謙卑的對抗，這對抗就同時是在呼召自己悔改：對抗種族歧視，就同時是呼召自己面對自己的偏見；對抗世界的貧窮問題，就同時是承認自己根本不在窮人之列；對抗戰爭，就同時需要正視自己心中的暴戾；對抗壓迫與虐待，使我們直面自己的麻木不仁。換言之，所有的對抗，都是煉淨自己靈魂的挑戰。

由此看來，對抗總是包含著自我對抗。這種自我對抗，令我們不至於與所對抗的世界隔絕。梅頓對這議題有精闢的看法：

> 一個純粹的世界根本就不存在。世界不是一個存在於我們身外的實在……世界是一個活生生的、自我創造的奧祕，而我是它的一部分，我也是通向它的一道獨一無二的門。當我在我自己的地土上找到世界，就不可能與它隔離。[17]

這就是通往「滿有憐憫的對抗」之鑰。有待對抗與擊退的罪惡，原來有個共犯在人的心裏——而我也在這人之列。因此，我們必須提醒自己：每一次對罪惡的對抗，總有兩條戰線：一條在身外，一條在身內。滿有憐憫的對抗，不能偏廢任何一條戰線。

常存感恩的心

不論是對抗罪惡，還是支援良善，操練行動的一大特徵，是感恩。忿怒可以使人積極主動，甚至引發具創意的能量，不過難以持久。一九六〇年代的社運分子，由忿怒支撐行動的，心力轉眼就耗盡了。他們的體力與精力盡皆枯歇，必須往心理治療或「新性靈」找出路。對我們來說，能夠不見成效而仍舊堅持不懈，惟憑一顆感恩的心。忿怒的行動，源於被傷害的經驗；感恩的行動，源於得醫治的經驗。忿怒的行動意在奪取，感恩的行動意在分享。由操練忍耐而生出的行動，必有感恩為標記。感恩是對恩典的回應。感恩引領我們走向的，不是征服或毀壞，而是呈現一種早已存在的善。可以說，滿有憐憫的生命，就是懂得感恩的生命，從感恩而生的行動，是自由的而非被脅迫的，是喜樂的而非憂鬱的，它使人得釋放而非令人狂熱。當感恩成了行動的原動力，付出就成了獲得，受服侍的對象反成了服侍者。因為在服侍他人的同時，我們感受到上帝的關顧；在努力的同時，我們感受到鼓勵與支持。因此我們可得喜樂平安，就算沒有甚麼成就可以誇耀。

這態度的一個典範，是美國社運家查維斯及其團隊。他們為了爭取農場工人成立工會權利而提出的「第十四號提案」，經過漫長審議終被否決。不過查維斯他們不但沒有喪志，反而辦了慶祝會。他們不被失敗所折，反而慶祝勝利。有一個狐疑的記者寫道：「如果他們輸了也能夠這樣歡悅地慶祝，他們贏了會是怎樣的光景！？」最明顯不過的是，查維斯及其爭取通過「第十四號提案」的團隊諸人，對自己行動的正義性確信不疑，以至爭取提案通過的結果反而變成次要——爭取行動本身的價值已經凌駕一切。他們為了維持運動的真確與誠實，花了許多日子禱告禁食，此外就是唱詩歌讀聖經，一起擘餅，彼此提醒：一切行動成果都來自上帝。因此，當最終行動失敗，沒有預期的結果，他們也不至失去盼望和勇氣，而是矢志繼續努力。在行動過程中，他們經歷了深深的團契，認識了許多慷慨的人，深切感受到上帝與他們同在。他們有慶賀與感恩的理由，所以無人失望而回。人人都有自己的故事——當人奉上帝之名聚集，一起經歷上帝之憐憫的故事。

感恩確然是行動的標記，這行動出於忍耐的操練。就算沒有具體成果，行動本身仍可以是上帝此時此刻關顧、同在的彰顯。這行動是真正的行動，因為它出於真正的體悟——對上帝主動與我們同在的體悟。這行動並非要證明甚麼，或要勸服甚麼人，而是源於一個渴望：要自由地為一件再真實不過的事作見證。使徒約翰的一段話，是上述說法的最佳演繹：

論到從起初原有的生命之道，
就是我們所聽見、
所看見、
親眼看過、
親手摸過的。
（這生命已經顯現出來，

我們也看見過，現在又作見證，
將原與父同在、
且顯現與我們那永遠的生命
傳給你們。)
我們將所看見、所聽見的
傳給你們，
使你們與我們相交。
我們乃是與父
並他兒子耶穌基督相交的。
我們將這些話寫給你們，
使你們的喜樂充足。

約壹一 1～4

這真是「滿有憐憫的行動」最精采絕倫的註解。這行動是自由的、喜樂的——最重要的是，它也是感恩的，它彰顯了一個已然發生的特別經歷。約翰、彼得、保羅，以至所有以耶穌基督福音信息「征服」世界的門徒，他們強大力量之源，就是這個特別的經歷。他們毋須説服自己或別人他們做的是好事；他們毫不懷疑自己所做之事的價值；他們不會質疑自己行動的果效。他們能夠做的，就是談論祂、讚美祂、感謝祂、敬拜祂，因為他們曾經聽到祂、看見祂、摸過祂。他們能夠做的，就是讓瞎眼的看見、讓被囚的得釋放、為受壓迫的爭取自由，因為他們在這些行動中再次遇見祂。他們能夠做的，就是號召大家匯聚，建立新的團契，因為祂會在他們中間。因為耶穌基督是他們的真生命、真關注、真憐憫、真眷愛，生活於是成了行動，生命的一切，成了持續不斷的彰顯——彰顯對上帝憐憫大愛這無比恩賜的謝意。

這是「滿有憐憫的行動」的最深意義，這是一種感恩的、自由的、喜樂的彰顯——當我們與滿有憐憫的上帝相遇。就算不能明白其然及其所以然，行動仍可以有成果。在行動中、透過行動，我們看見一切確然是恩典，我們惟一可有的回應，就是感恩。

總結

我們領受了的大好消息，就是上帝滿有憐憫。在耶穌基督這位順服的奴僕裏面——祂不以自己與上帝同等為強奪的，反倒虛己，成為人的樣式——上帝憐憫的豐盛與滿盈，向我們清楚啟示。上帝名為以馬內利，意為上帝與我們同在。我們聽到的大呼召，是要活出滿有憐憫的生命。我們在遷離中形成羣體，迎向新的匯聚方式，因而成為門徒——上帝與世人同在的活生生見證。我們獲賜的大任務，是行出憐憫之道。藉著操練忍耐——包括禱告與行動——門徒的生命變得真實，可以結出果子。

作為基督徒，只要我們仍在世上，我們的生命就要有憐憫為標記。但在我們作出總結之際，必須提醒大家：活出滿有憐憫的生命，不是我們人生最終的目標。事實上，惟有當我們知道了這生命其實另有所望，我們才可以全然活出這生命。我們知道，曾經虛己、謙卑自己的耶穌，已獲得高舉，蒙賜超乎萬名之名；我們知道耶穌離開我們，是為我們預備地方，那地方不再有患難，也不再需要有憐憫。有一個新天新地，是我們忍耐等候亟盼得著的。這正是啟示錄描述的願景：

> 我又看見一個新天新地；因為先前的天地已經過去了，海也不再有了。我又看見聖城新耶路撒冷由上帝那裏從天而降，預備好了，就如新婦妝飾整齊，等候丈夫。我聽見有大聲音從寶座出來說：「看哪，上帝的帳幕在人間。他要與人同住，他們要作他的子民。上帝要親自與他們同在，作他們的上帝。上帝要擦去他們一切的眼淚；不再有死亡，也不再有悲哀、哭號、疼痛，因為以前的事都過去了。」
>
> 啟二十一 1～4

這就是那引領我們的願景。這願景令我們分擔彼此的重擔，一起背負我們的十字架，為更美好的世界團結奮鬥。這願景除去死亡的絕望、患難的威脅，開拓新的天地。這願景賜我們力量，在人生的困惑疑難中呈現它已被首先實現的部分。實際上，這願景關乎一個將來，但這將來不是烏托邦：這將來已經開展，而且不斷實現——當陌生人得款待，當赤身的得庇蔭，當患病的被囚的有人探望，當壓制被推翻……透過這些從感恩而生的行動，我們可以瞥見新天新地。

在那新城裏，上帝與人同住——但在今世，只要有兩三個人奉耶穌的名聚集，上帝就在我們中間。在那新城裏，一切眼淚都要擦去——但每當信徒吃餅喝杯記念祂，所有愁容都可以綻放微笑。在那新城裏，一切受造物都獲更新——但當每次牢獄的門被打破、貧窮得紓緩、傷口被包紮之時，舊世界在讓路，新世界在行進。透過滿有憐憫的行動，舊的不再是舊的，痛的也不再是痛的。雖然我們仍在深盼期待，但那應許賜給我們的新天新地，已經露出眉目，就在信仰羣體之中，那裏彰顯了一位滿有憐憫的上帝。這是我們信的根基，望的根據，愛的根源。

註釋

1. Gail R. O'Day, "John"；載於 Carol A. Newsom 及 Sharon H. Ringe 合編的 *Women's Bible Commentary* (Louisville, KY: Westminster John Knox Press, 1998)。
2. Worsthorne, Peregrine. "A Universe of Hospital Patients. Further Remarks on the British Condition," *Harpers* 251, November 1975, p.38.
3. Barth, Karl. *Church Dogmatics*, IV/1 (Edinburgh: T. & T. Clark, Sons, 1956), p.190。
4. Barth, Karl. *Church Dogmatics*, IV/1, p.188.
5. Barth, Karl. *Church Dogmatics*, IV/1, p.191.
6. Barth, Karl. *Church Dogmatics*, IV/1, p.201.
7. Nietzsche, Friedrich. "The Anti-Christ," secs. 5, 51；

載於 Walter Kaufmann 編輯和翻譯的 *The Portable Nietzsche* (New York: The Viking Press, 1954)。

8. 引自：Chong Sun Kim and Shelly Killen, "Open the Prison Gates and Set My Soul Free," *Sojourners*, April 1979, p.15。
9. *Catholic Worker*, Vol. XLII, No. 7, September 1977.
10. Marino, Joe. Unpublished diary written in Rome, May 1978.
11. Merton, Thomas. *The Seven Storey Mountain (Nanae No Yama)* (Tokyo: Toyo Publishing Company, 1965). 由 Kudo Takishi 翻譯。
12. Chesterton, Gilbert K. *St. Francis of Assisi* (Garden City: Doubleday Image Books, 1957), p.96～97.
13. Chesterton, Gilbert K. *St. Francis of Assisi*, p.101.
14. Shah, Indries. *The Way of the Sufi* (New York: E. P. Dutton & Co., Inc., 1970), p.207.
15. *The Complete Letters of Vincent van Gogh* (Greenwich, Conn.: New York Graphic Society) Vol. I, p.197.
16. Bonhoeffer, Dietrich. *Life Together* (New York: Harpers, 1954), p.86.

17. Merton, Thomas. *Contemplation in a World of Action* (Garden City: Doubleday Image Books, 1971), p.154～155.